# Le Fadeau

*Éditeur:*
LES ÉDITIONS LA PRESSE (1986)

*Conception graphique:*
JEAN PROVENCHER

*Photographies de la couverture et des pages intérieures en couleurs:*
YVES PAQUIN, photographe, et CHANTAL LEGAULT, styliste.

*Tous droits réservés:*
LES ÉDITIONS LA PRESSE, LTÉE
© Copyright, Ottawa, 1988

(Les Éditions La Presse [1986] sont une division de
Les Éditions La Presse, Ltée, 44, rue Saint-Antoine Ouest,
Montréal, Québec, H2Y 1J5)

*Dépôt légal:*
BIBLIOTHÈQUE NATIONALE DU QUÉBEC
3e trimestre 1988

ISBN 2-89043-245-9

1 2 3 4 5 6    93 92 91 90 89 88

# Le Fadeau

## MARTINE CHARRIER

la presse

*La cuisine est un art, malheureusement éphémère...*

«La cuisine touche à l'esprit, et c'est quelque chose
qui me séduit... Comme toute autre activité humaine,
elle peut être fabriquée, elle peut être de masse,
elle peut aussi être l'expression d'un artisanat et,
dans sa forme supérieure, d'art. La cuisine est une
forme d'art. Son seul défaut, son seul malheur, c'est
qu'elle ne dure pas ; c'est que le plat le plus fantastique
ne dure que ce que dure la rose...»

Henri Wojcik

Depuis son ouverture, Le Fadeau a accueilli
de nombreuses personnalités dont les noms
apparaissent dans le Livre d'or de l'établissement.
Nous tenons ainsi à remercier M. Henri Wojcik de
nous avoir permis de reproduire quelques signatures.

# Introduction

Il a accumulé les diplômes en chimie, en comptabilité, en politique, en littérature, et c'est... un chef! Si Henri Wojcik a finalement choisi la cuisine, c'est par hasard. La passion est venue petit à petit et a grandi, au point que, depuis bientôt trente ans, Le Fadeau est devenu l'un des piliers de la gastronomie montréalaise, voire du Québec, et que son chef en est considéré comme l'un des sages.

Sa carrière a été ponctuée d'innovations, parfois applaudies, parfois conspuées, incomprises aussi par la faute de leur auteur, car il n'a jamais couru après les honneurs, les prix et les concours, ou la publicité. Les critiques l'indiffèrent, mais il n'y est pas sourd. «Il faut savoir admettre une réflexion désagréable. Les esprits forts ignorent la rancune[1].» Cette maxime du fameux Fernand Point est l'une des préférées d'Henri Wojcik.

Ce personnage mystérieux, haut en couleur, contesté, admiré, méritait qu'on l'honore. Ainsi, on peut sans peur de se tromper affirmer qu'il entrera dans l'histoire de la gastronomie québécoise.

*« C'est un honneur pour moi d'être le premier. La langoustine, c'est formidable. Bonne chance, Henri, pour le futur. »*

*Henry Moore (le sculpteur)*

1971 ou début 1972, au moment où Le Fado devenait Le Fadeau.

# LES ORIGINES DU FADEAU

# Paris fut la première étape

Tout de suite après la Seconde Guerre mondiale, Henri Wojcik émigre de sa Pologne natale à Paris. Pourquoi Paris? Parce qu'il est francophone et qu'il pourra y étudier la chimie tinctoriale (science de l'application de la couleur), à l'École des Arts et Manufactures, une école de génie. Étudiant pauvre, il doit «gagner sa croûte»; c'est ainsi qu'il devient plongeur. Ce sera son premier contact professionnel avec le monde de la restauration. Son ignorance du milieu est telle que, bien plus tard seulement, il apprendra qu'il eut l'insigne honneur d'être employé à l'Escargot Montorgueuil, un trois étoiles et l'un des meilleurs restaurants de Paris à cette époque. Cette expérience eût pu le détourner à tout jamais d'une vocation qui n'était même pas encore née. Il se souvient:

«L'insalubrité de la cuisine était absolument atroce... À l'époque, le destin des cuisiniers n'était pas gai. Ils cuisinaient sur des fourneaux à charbon; la chaleur était épouvantable, la ventilation datait du XVIIIe siècle! C'était le temps où ils conservaient la même place toute leur vie. Ces hommes, âgés de cinquante ou soixante ans, qui travaillaient dans des conditions extrêmement dures, de très longues heures, évidemment ''prenaient un coup''. La solution, c'était l'alcool, et il y avait beaucoup d'alcooliques parmi eux.»

# Montréal, sa dernière patrie

Avec ses vingt ans tout neufs, il débarque au Québec, ses études de chimie tinctoriale bien avancées. Tout naturellement, il se dirige vers Polytechnique pour les terminer. Chimie tinctoriale? On ne connaît pas. Que faire? Le jeune homme se lance dans les études à un train d'enfer. Il décroche un diplôme de comptable agréé à l'université McGill; en même temps, il obtient un doctorat en sciences politiques à l'Université de Montréal... et une maîtrise en littératures comparées!

À sa sortie de McGill, en 1955, on l'a déjà repéré. L'une des plus importantes multinationales de céréales lui propose un poste d'économiste en Suisse, au siège social. Il déménage donc, mais pas pour longtemps, six petits mois, au bout desquels il s'ennuie de ses parents restés à Montréal. Ainsi, il revient et on le retrouve cette fois sous la « casquette » d'un inspecteur du fisc fédéral. Il la gardera quelques années, avant d'ouvrir son propre cabinet de comptable, qu'il conservera à temps plein jusqu'au début des années 70, ne désertant tout à fait le secteur qu'en 1985.

## L'aventure a débuté avec la Troïka

Comment peut-on, du jour au lendemain, passer de la comptabilité à la gastronomie? « Par hasard, par pur hasard, dit le chef. Je n'y connaissais pas grand-chose. Mais, à l'époque, j'étais extrêmement bien payé et j'ai pris le goût des bons vins. » Les bons vins n'allant pas sans la bonne cuisine, c'est là que tout commence. Le destin et deux amis, Edward Lewkowski et Richard Halperson, s'en mêlent. Ils proposent à Henri Wojcik d'ouvrir un restaurant russe à eux trois, une idée qui ne l'avait même jamais effleuré. Mais ce qui fut dit fut fait. En 1960 était inaugurée la fameuse Troïka, qui existe toujours, rue Crescent.

Pourquoi, des trois amis, Henri se dirigea-t-il vers la cuisine? On l'aurait plutôt imaginé derrière la machine à calculer... « Je me suis porté volontaire, tout simplement », explique-t-il. Et puis, les longues heures ne l'ont jamais effrayé. Comptable le jour, il se métamorphose en apprenti chef le soir, et s'abîme avec délectation dans les casseroles et les manuels de cuisine. Cela durera six ans.

De cette plongée dans l'univers slave, il conservera des idées; entre autres, surgira celle du fond blanc de pieds de bovin (voir l'explication, p. 81, et R: p. 84 *) et la truite en croûte inspirée du koulibiac de saumon (voir l'explication, p. 33, et R: p. 34). La cuisine de la Troïka n'est pas «purement» russe, si tant est qu'il existe une cuisine «pure»; en effet, dès le XVIIIe siècle, d'éminents chefs français rapportent de la cour de Russie des plats, devenus depuis des classiques de la cuisine française. Henri Wojcik, tout comme ces grands chefs, s'inspire de plats russes régionaux, les améliore, les raffine, les «francise»... mais, nous nous avançons trop: le chef n'est pas encore né, il apprend.

## La grande aventure du Fado naît avec Terre des Hommes

En avril 1967, Terre des Hommes ouvre ses portes. Tout de suite, c'est la ruée, l'émerveillement, l'ébahissement devant l'ailleurs. Cent cultures sont là, à portée de la main, à découvrir sur toutes leurs coutures! Une immense table chargée des délices du monde entier tente les visiteurs dans les pavillons, qui goûtent aussi les meilleurs vins, les meilleurs alcools, les meilleurs cafés. Six mois, c'est peu pour faire un tour du monde de la cuisine. La curiosité des Québécois ne sera pas rassasiée, et le Montréal gastronomique ne sera plus jamais le même. Une révolution gustative vient en effet d'exploser!

Quand l'acceptation de la candidature de Montréal est annoncée, les trois associés réfléchissent à la possibilité d'inaugurer un second restaurant, de grand luxe. Leur décision sera positive, et ainsi naîtra Le Fado, en décembre 1966, dans le Vieux-Montréal, à l'enseigne du Portugal. Fado ou Fadeau? La différence d'orthographe est en elle-même l'histoire d'un virage culinaire. Mais, commençons par le commencement.

---

* Le symbole «R:» renvoie le lecteur à la page où est présentée la recette en question.

Pourquoi avoir choisi la cuisine portugaise? Aucun des trois confrères ne la connaît... si ce n'est que l'un d'entre eux adore le pays et surtout sa musique, le fado, dans laquelle il retrouve des échos de la nostalgie des chants tziganes; il veut un restaurant «musical», comme l'est la Troïka. Après un voyage d'information dans le pays, Henri Wojcik constate que l'avenir de la cuisine portugaise est limité. Et en pensée, il est déjà loin: la française le passionne de plus en plus. Mais, le train est lancé, il est trop tard pour bifurquer; une erreur d'aiguillage qui contrariera le chef longtemps.

En fait, pendant des années, la cuisine du Fado est métissée, c'est-à-dire ni vraiment portugaise ni vraiment française. Dès le départ, les trois amis embauchent un chef français, Pierre Garcin[2], et le restaurant ne désemplit pas. Pendant ce temps, Henri Wojcik continue son apprentissage dans les cuisines de la Troïka, «mais à un stade supérieur», profite autant qu'il le peut des enseignements de son équipe du Fado, à qui il rend d'ailleurs hommage aujourd'hui, en particulier à Pierre Garcin et à deux ou trois «remarquables» cuisiniers français et belges issus de trois étoiles, venus à Montréal pour l'Expo et repartis depuis[3]. Au même moment, il s'initie à l'administration générale d'un restaurant, il prend en charge les achats, avec l'aide de son père aujourd'hui disparu. Petit à petit, il réduit ses activités de comptable; sa seconde carrière se dessine.

## Un décor qui a peu changé en vingt ans

En 1966, le Vieux-Montréal est désert. Personne ou presque parmi les restaurateurs ne s'y intéresse encore. Henri Wojcik, lui, sait que l'Europe s'est mise à l'heure des vieux quartiers; il estime que Montréal suivra, certainement... Il ne s'est trompé que de quelques années. Quoi qu'il en soit, les associés fixent leur choix sur deux immeubles mitoyens de la rue Saint-Claude. Ce sont d'anciens entrepôts du XIX$^e$ siècle, répartis sur trois étages: un travail monstrueux! La brique est mise à nu, les murs sont chaulés, des partitions sont dressées... des mois de rénovation. Vingt ans plus tard, le décor a peu changé, à savoir même sobriété à coloration méditerranéenne discrète, même tapis épais, mêmes fauteuils confortables. Henri Wojcik aime les tableaux des grands maîtres, et l'on peut admirer en rotation sur les murs du Fadeau des oeuvres de Dallaire, Riopelle, Roberts, Dumas, Cosgrove, Beaulieu, Bellefleur, East et Brandtner. Aucun luxe éblouissant du côté de la table: assiettes blanches bordées d'or, argenterie impeccable, verrerie élancée mais robuste, nappes blanches amidonnées. «Le décor du Fadeau répond à ce que j'ai à dire sur sa cuisine: jamais exagéré, de bon goût», explique le chef. La grande salle, où la distance calculée entre les tables préserve l'intimité des conversations, est assortie d'une autre salle, plus petite, réservée la plupart du temps aux réceptions privées. Une très grande pièce, à l'étage, n'est accessible qu'aux groupes. Malgré tout cet espace, le chef déteste la trop grande affluence. «Nous ne pouvons pas servir quatre-vingt-quinze couverts le soir. La cuisine ne peut pas suivre, et je n'aime pas la pression que je ressens à ce moment-là.» L'artisanat, en effet, s'accommode mal des grands débits.

# Du Fado au Fadeau

En 1971, Henri Wojcik apprend la cuisine depuis déjà dix ans. Il est temps, pour lui, de changer d'embrayage et de passer à une autre vitesse. Ses associés lui en donnent l'occasion. L'ami russe se défait de ses parts dans la Troïka et Le Fado; les deux autres associés les rachètent. M. Wojcik devient le propriétaire du tiers de la Troïka et des deux tiers du Fado; c'est le contraire pour le deuxième associé. Une situation ridicule, qui dure un an et demi jusqu'à ce que les deux amis, très logiquement, décident de s'échanger leurs parts. Henri Wojcik choisit Le Fado et devient le seul maître à bord.

Il va enfin pouvoir réaliser ce qui le passionne, c'est-à-dire explorer exclusivement la cuisine française. Ce ne sera pas facile, car perdre une clientèle bien établie serait catastrophique. Le Fado s'est acquis une très grande renommée depuis l'Expo 67 et, si l'on y vient, c'est pour «manger portugais». La transition doit être prudente. «Nous avons quand même perdu quelques clients, notamment des Portugais qui venaient ici parce qu'ils estimaient que c'était probablement le meilleur restaurant portugais au monde!» dit le chef en riant.

Pour ne pas dépayser son importante clientèle américaine, Le Fado devient Le Fadeau, et les deux noms se côtoient dans l'annuaire. Le Fado ne deviendra Le Fadeau tout court qu'en... 1987! Vingt ans, depuis, ont passé. Le chef a fait son chemin et sa renommée en cuisine française; malgré tout, des étrangers nostalgiques reviennent s'attabler à un Fadeau qu'ils croient encore portugais. Les étiquettes ont la vie dure...

# COUP DE FOURCHETTE

*par Armel Robitaille*

# En France, le «Fado» serait un 3 étoiles

En ce mardi soir de la mi-juillet, j'ai mangé un peu comme saint Pierre doit le faire chaque jour au paradis. Nous étions au «FADO», cet excellènt restaurant du 423, rue Saint-Claude dans le Vieux-Montréal, que je n'avais pas revisité depuis environ trois ans. À l'époque je le classais parmi les quatre ou cinq meilleurs de Montréal; aujourd'hui je puis avantageusement le comparer aux grands «trois étoiles» de France.

Il faut évidemment y mettre le prix; c'est la seule façon d'obtenir la perfection. Mais chacune des exquises préparations du «FADO» vaut bien tous les sous noirs qu'elle pourra vous coûter, dussiez-vous espacer vos visites au restaurant pour attendre l'occasion spéciale qui vous permettra d'en jouir.

Si le «FADO» en est rendu à ce haut niveau d'excellence, c'est grâce au travail méticuleux de son gourmet patron, M. Henri Wojcik, vinophile averti et connaisseur extraordinaire. Il était l'un des trois copropriétaires du «FADO» depuis son ouverture. Au début de cette année, il achetait les parts de ses associés pour devenir le seul patron, et se fixait comme objectif d'égaler, dans la cuisine comme dans la salle, les plus prestigieux restaurants de France. Il s'est alors rendu à Paris pour rencontrer le renommé chef Dumaine, maintenant à sa retraite. Il est aussi allé à la Pyramide de Fernand Point, chez le Père Bise et chez les frères Troisgros. À certains de ces endroits il a passé plusieurs jours, dans les cuisines, causant avec les chefs, surveillant les sauces, vérifiant les aliments de base, avant de revenir à Montréal avec un plein carnet de notes, des recettes uniques et une expérience rare.

Pour diriger la salle, il s'est adjoint M. Serena, un maître d'hôtel d'expérience aux cheveux grisonnants, dont l'apparence reflète la compétence même. L'un des plus grands restaurants de France a bien voulu lui prêter durant trois mois les services d'un de ses meilleurs chefs qui s'est installé aux cuisines du FADO pour y parfaire les connaissances de la brigade.

Puis, adoptant le principe du célèbre Fernand Point qui disait: «La grande cuisine est une somme de petits détails mis au point», Monsieur Henri a entrepris de hausser le déjà très bien «FADO» au niveau des plus grands.

Il possédait déjà plusieurs atouts. Un établissement de grand luxe bien situé au coeur du Vieux-Montréal avec ample stationnement à la porte même. Le personnel de la salle était admirablement bien stylé. À la cuisine, la brigade savait réussir une sauce à la fois riche et légère, ce qui est la marque peut-être la plus caractéristique d'un grand restaurant. M. Henri avait aussi son carnet de notes, rempli de recettes exclusives qu'avaient bien voulu lui communiquer ses amis de France, et qu'il désirait incorporer à son menu.

À ses débuts, la cuisine du «FADO» était essentiellement d'origine portugaise. Plus tard, un nouveau menu (qu'on utilise encore aujourd'hui) avait ajouté de nombreux plats de la grande cuisine française.

*Le Petit Journal*, semaine du 25 juillet 1971

# la gastronomie

**PAR ROGER CHAMPOUX**
(collaboration spéciale)

# La sauce, triomphe du goût en cuisine

COMBIEN DE SAUCES dans le répertoire français? Près de deux cents, brunes ou blanches, chaudes ou froides. Et toujours, il nous faut revenir à l'aphorisme de Balzac: «La sauce est le triomphe du goût en cuisine.»

Si les sauces sont multiples, il n'en est pas de même des «sauciers», c'est-à-dire ces maîtres cuisiniers notamment doués pour ce genre d'apprêt liquide dont l'onctuosité doit être la première qualité. S'il suffisait d'utiliser en abondance les oeufs, le vin, la crème fraîche et le pouvoir «mitonnant» de la casserole de cuivre — le seul métal qui diffuse uniformément la chaleur — Monsieur Tout-le-Monde pourrait réussir la béchamel, la ravigote, la sauce chevreuil, la hollandaise, la sauce bourguignonne, la bordelaise et quoi encore! Croyez-moi, il faut plus que cela.

La «vérité saucière» (excusez la tartarinade) réside dans une constante recherche de la qualité alliée à un savoir-faire, fruit d'une longue pratique d'un art complexe. Nous n'avons pas à Montréal un très grand nombre de «sauciers». Dans mon petit carnet personnel, j'ai inscrit depuis longtemps les noms d'André Bardet et de Pierre Demers. Le premier officie en son établissement, le second préside aux fourneaux de l'hôtel Ritz-Carlton.

Or, récemment j'avais l'occasion de m'entretenir avec M. Henri Wojcik devenu l'unique propriétaire du «Fado», au 423 de la rue Saint-Claude dans notre cher Vieux-Montréal. Avant tout administrateur, ce restaurateur a payé de son temps et de sa personne pour se familiariser avec les secrets de la fine cuisine française. Admis — et c'est un rare privilège — dans les cuisines des frères Troisgros, à Roanne; de même chez le Père Bise, à Talloires; ayant pu voir à l'oeuvre la veuve de Fernand Point à «La Pyramide», à Vienne, France, et ayant été reçu par le vénérable chef Dumaine, maintenant à la retraite, le directeur-propriétaire du «Fado» est aujourd'hui en mesure de faire profiter son aimable clientèle de plusieurs recettes exclusives recueillies auprès des grands maîtres. Or, tous, vous vous en doutez bien, mettent l'accent sur les sauces. Pas celles, grands dieux, qui font passer le poisson mais ces merveilles dont la gamme gustative vous lance dans des transports nullement coupables.

Trop de maisons, il faut bien le révéler, utilisent comme liant les fonds de cuisson, toujours trop gras, trop concentrés. La méthode est, bien sûr, économique mais son plus clair résultat est d'altérer scandaleusement votre silhouette.

Une sauce est un tout en soi: elle s'établit sur une recette précise dont sera toujours banni l'insipide «corn starch» (j'utilise, hélas! le mot anglais pour être bien compris) et ses vertus proviennent d'une cuisson longue et douce. Il faut une heure pour une «sauce diable» parfaite; il en faut deux pour préparer et cuire une «financière» digne d'accompagner un ris de veau.

M. Henri Wojcik, qui a retenu durant trois mois les services d'un chef venu expressément de Paris, s'ingénie donc — avec succès du reste — à présenter des mets soignés en des sauces scrupuleusement préparées pour CHACUN des plats inscrits à son menu.

L'affaire n'est pas si facile et, naturellement, ce n'est pas donné. Ainsi donc nous comptons un grand saucier de plus dont la carrière vient de prendre un très remarquable départ. La brigade en cuisine et l'équipe en salle que dirige le maître d'hôtel M. Serena affichent un bel enthousiasme. Que saint Fortunat, patron des gastronomes, vienne en aide à ces aimables gens et assure leur réussite.

# La cuisine française, oui, mais laquelle?

Henri Wojcik n'a jamais dévié de sa route française depuis dix-sept ans, ce qui n'implique pas qu'il ait piétiné des sentiers cent fois empruntés par les autres. Parfois à la remorque de l'évolution, parfois la devançant, il a en tout cas occupé une place bien à part sur l'échiquier de la restauration montréalaise.

Sa cuisine a évolué comme lui a évolué, c'est-à-dire en cherchant. Pulsion intime ou expression d'une époque, il a manifesté un goût très profond pour l'exploration, la découverte, l'invention. Il explique d'ailleurs que l'invention et l'ouverture de la cuisine française sont l'expression de sa vitalité; en cela, c'est une grande cuisine:

«Tout comme les chefs nouvelle cuisine le font aujourd'hui avec les cuisines japonaise ou chinoise, les chefs français ont ramené de toute l'Europe — chez les nobles, les rois, les présidents pour qui ils travaillaient — des plats régionaux qu'ils ont intégrés à la cuisine française après les avoir sophistiqués. C'est une vertu de l'esprit français d'avoir pu assimiler les bonnes choses, les pensées, les idées venant d'autres nations, et pas seulement sur le plan culinaire.»

Ainsi, il a su lui aussi voir au-delà des normes, des règles et des lieux communs. Il a refusé d'être un reproducteur. Dix-sept ans d'essais, d'erreurs, de grandes victoires et de cuisants échecs vont le démontrer...

Au Fado
Il y a de la guitare
Même au cœur
Du gratin de langoustines
Et le vin mélancolique
Coule à flots
Dans nos gosiers
Assoiffés d'amour

Guyséart

72

Et Nicole

«Au Fado, il y a de la guitare, même au coeur du
gratin de langoustines. Et le vin mélancolique coule à
flots dans nos gosiers assoiffés d'amour.»
*Guy Béart (le chanteur)*
1972

# La cuisine dite nouvelle
# est la cuisine des petits chefs

La bataille dure toujours depuis au moins vingt ans. D'un côté se dressent les tenants de la cuisine classique, de l'autre, ceux de la nouvelle cuisine. Entre les deux stationnent ceux qui jugent qu'essayer de trancher, c'est absurde ; le chef du Fadeau en fait partie. Laissons-le disserter :

« Je n'aime pas le mot "nouvelle", parce qu'il n'y a rien de nouveau. Je préfère parler de cuisine "contemporaine". Ceci est tout à fait dans la ligne de pensée du plus grand des chefs traditionnels et classiques qu'était Escoffier[4]. Dans la préface de son *Guide culinaire*, publié en 1903, il affirme qu'il serait absolument inopportun de vouloir fixer à jamais les règles d'une cuisine qui évolue de jour en jour. Ce grand théoricien était amplement conscient que rien n'est permanent. Donc, qu'y a-t-il de nouveau puisque tout bouge ? Ce qui était nouveau dans la nouvelle cuisine, ce n'était pas nouveau pour les grands chefs, c'était nouveau pour les petits. »

On imagine déjà le tollé de tous les chefs qui, à travers le monde et particulièrement à Montréal, pratiquent et brandissent haut l'étendard de la nouvelle cuisine qui représente, pour eux, le symbole de la pulvérisation du carcan forgé par leurs aînés ainsi que le symbole de l'imagination démuselée. Sans compter les protestations des dîneurs qui, depuis longtemps déjà et pour longtemps encore, s'émerveillent des chefs-d'oeuvre de nouveauté et de légèreté qu'on leur apporte dans l'assiette...

La cuisine dite classique est-elle aussi figée qu'on le prétend ? La nouvelle cuisine est-elle si innovatrice, respectable et appréciée qu'on le suppose ? L'opposition entre les deux est-elle fondée ? Henri Wojcik ne le croit pas :

« Pour moi, il n'y a pas d'opposition. Il est évident que les recettes du XIXe siècle, celles du grand Escoffier lui-même, ont été conçues pour le XIXe siècle. Certains chefs ont pris cela pour un Nouveau Testament. D'autres ont dit: "Tout change, même le Nouveau Testament!" Mais notre mode de vie a changé, nous bougeons beaucoup moins, nous avons moins de temps. Il nous faut donc manger plus légèrement. Et plus légèrement, cela peut vouloir dire plusieurs choses: cela peut vouloir dire moins de plats, mais cela peut vouloir dire aussi que chaque plat soit plus digeste.»

La nécessité faisant donc loi, la cuisine s'est transformée, elle est devenue plus légère. Ce virage a toutefois pu se négocier grâce à l'ajout d'un nouvel ingrédient, soit l'imagination. «La cuisine, autrefois, n'existait que grâce à quelques grands chefs. Aujourd'hui, n'importe quel chef, grand ou petit, se permet d'interpréter une idée à sa façon, avec plus ou moins de bonheur. Ces jeunes chefs d'aujourd'hui sont beaucoup moins craintifs, ils n'ont plus peur d'essayer, ils ont beaucoup plus de temps libre. Et, d'autre part, ils ne travaillent plus dans un contexte tout à fait contraire à la recherche. Les conditions matérielles actuelles leur permettent d'explorer», dit le chef.

Petit chef? Grand chef? Le nôtre va se faire des ennemis parmi ceux qui se sentent visés. Pourtant, en assenant ses vérités, il ne fait qu'endosser une opinion largement répandue dans la confrérie des chefs, qu'ils soient autodidactes ou sortis d'une école, selon laquelle on ne devrait pas s'autoriser à créer si l'on ne maîtrise pas parfaitement bien les bases de la cuisine classique. Une rampe de lancement, en quelque sorte.

*Robert Charlebois (locataire)*
*Toque à terre*

*«Toque à terre.»*
*Robert Charlebois (locataire)*

Robert Charlebois occupa, en 1973, l'un des appartements se trouvant au-dessus du Fadeau... la cuisine n'était pas très loin!

*Médaillons de veau aux câpres chaudes et au zeste de citron (R : p. 59)*

*Losanges d'espadon au jus de veau et au poivre vert (R: p. 90)*

*Ris de veau aux poires (R: p. 68), et soupe aux concombres surs et au rognon de veau (R: p. 58)*

*Homard aux deux melons (R : p. 67)*

*A delicious dinner, excellent service, friendly people.*

«*A delicious dinner, excellent service, friendly people.*»
*Kathy et Bill Davis (Premier ministre de l'Ontario)*
1977

*The delights of The meal were exceeded only by The wonders of your guest book! À bientôt.*
*Michele and Stephen Lewis*

«*The delights of the meal were exceeded only by the wonders of your guest book! À bientôt.*»
*Michele et Stephen Lewis (chef de l'opposition, Ontario)*

(Les délices du repas ne furent surpassés que par les merveilles du livre d'or!)

# Ce sont les chefs qui font évoluer les goûts de la population

Voilà vingt ans, au Québec, on ne mangeait pas du tout comme aujourd'hui lorsqu'on s'accordait le petit plaisir de souper au restaurant. Les plats favoris étaient la soupe à l'oignon et la côte de boeuf au jus. Depuis, la sensibilité du palais de nos compatriotes a radicalement changé, et il est très amusant de remarquer à quel point tous sont prêts à prendre des risques... La floraison des restaurants du grand Montréal[5] en est la preuve; parcourir leur carte finit de convaincre : l'aventure est au bout de la fourchette!

Bien sûr, entre-temps, il y a eu l'Expo 67, la découverte de l'ailleurs culinaire, un engouement pour le voyage, un foisonnement de livres de recettes et l'apparition de magazines spécialisés. Mais, ce n'est pas tout et, selon Henri Wojcik, les chefs devraient récolter le crédit pour ce changement. Pas n'importe quels chefs toutefois, c'est-à-dire les chefs créatifs, ceux qui ont su par exemple préparer des ris de veau, rognons et foie appétissants, alors que les abats dégoûtaient la majorité des dîneurs. Aujourd'hui, tout le monde en raffole! Les restaurateurs nouveaux venus ne prennent aucun risque, ils se laissent porter par la vague. «Nous vivons actuellement l'âge d'or de la cuisine, sans aucun doute. Et la cuisine de la grande masse est bien meilleure qu'autrefois», estime-t-il.

Si les chefs exercent une certaine dictature sur les goûts, ils subissent à leur tour celle de leur clientèle, à qui l'on ne fera rien avaler qu'elle ne désire. Un tel refus implique, selon Henri Wojcik, qu'elle n'est «pas prête» pour tel ou tel plat. «J'ai délaissé certains plats il y a dix ou quinze ans parce que personne ne les aimait. Je les ai repris voilà deux ou trois ans, avec un succès extraordinaire», explique-t-il, songeur.

Mangerons-nous bientôt du crocodile en croûte ou de l'anaconda béarnaise? La dictature du peuple en décidera, sans doute.

## Comment l'esprit de création se manifeste-t-il au Fadeau?

La créativité est «une aptitude innée de l'Homme à créer de nouvelles combinaisons, à partir d'éléments existants (mots, matières, sons, idées, etc.)[7]». Un chef doit posséder deux choses pour en faire preuve, soit des connaissances suffisantes et le désir de traverser le miroir. Ce désir d'aller plus loin est affaire personnelle, même s'il est fortement apprécié. Certains préfèrent piétiner cent fois les mêmes sentiers, d'autres choisissent d'ouvrir à la serpe un chemin dans la brousse. Les premiers peuvent faire, très bien, la même chose toute leur vie, les seconds parient sur le risque, car risque il y a à s'affirmer par son originalité. On sera alors aimé, ou rejeté ou, pire encore, ignoré. Risquer est indissociable du caractère d'Henri Wojcik. Il honnit le surplace, il s'ennuierait à mourir s'il devait éternellement égrener les mêmes gammes. Pour lui, changer, c'est survivre.

Quand on cherche, on trouve, dit le dicton... mais très rarement du premier coup, et jamais sans effort. Comment se déroule la recherche dans les cuisines du Fadeau? Il nous l'explique:

«Un plat ne surgit pas par hasard. Il naît d'abord dans ma tête, son goût est déjà dans ma tête, c'est un idéal gustatif, présent dans mon cerveau, vers lequel je tends. Si je n'y arrive pas — et souvent je n'y arrive pas —, j'abandonne. Lorsque l'expérience rejoint l'idéal, je suis content: j'ai réussi le plat que je voulais faire. C'est la même chose pour un peintre, lorsqu'il peint[8].»

Comment le chef débusque-t-il les idées? «Ce qui m'inspire, dit-il, ce sont d'abord les produits nouveaux — une espèce de poisson inconnue par exemple. Ce sont ensuite les produits peu ou pas utilisés. Et c'est finalement l'inspiration extérieure.»

Ce qu'il appelle «l'inspiration extérieure», ce sont des idées, glanées dans des livres et aux tables des grands chefs français. Ni plagiaires ni voleurs de recettes, tous les chefs en font autant, curieux, gourmands, gourmets. De ces explorations culturelles jaillissent des idées, parfois très éloignées de ce qui les avait suscitées. Henri Wojcik donne deux exemples, à savoir la truite en croûte et le gâteau de foies blonds de volaille.

## Pas de droits d'auteur pour les chefs

Est-il flatteur d'être copié? Oui et non. Non, parce que les chefs n'ont aucun droit d'auteur sur leurs recettes, à moins de les publier. Les ténors de la cuisine française l'ont compris très vite, et ils ont tous au moins un livre à leur actif. Le problème reste entier pour les chefs qui ne publient pas, comme c'est le cas de presque tous ceux du Québec. Ils lancent une idée un jour, elle est reprise par l'un, par l'autre, et finalement la trace de sa paternité se perd. Chacun se garde bien de signaler les emprunts qu'il a faits «en douce» à un autre. D'autres se font démasquer par les critiques. D'autres, encore, passent inaperçus, parce que leur copie est médiocre. «C'est flatteur mais ennuyeux, dit Henri Wojcik, parce que la personne refait la même chose sans avoir fourni le moindre effort pour la trouver. La moindre politesse exigerait que le copieur signale sur sa carte que le plat en question est la création d'un tel ou d'un tel.» À la décharge de certains, il faut toutefois dire qu'une bonne idée peut naître en même temps dans deux têtes. En règle générale, l'histoire des inventions regorge de tels exemples. Le chef l'a constaté: «Il m'est arrivé à plusieurs reprises de travailler sur un problème particulier, de croire que j'étais le premier à l'avoir résolu, et de m'apercevoir qu'en France quelqu'un avait raisonné dans le même sens, comme dans le cas du flan de foies blonds de volaille.» Pour qu'on ne s'y trompe pas, il a identifié certains de ses plats par un «C.F.» (création Le Fadeau).

# HORS D'OEUVRES

Mousse de foies blonds à la confiture d'oignons

Gateau de crevettes au cresson      C.F.
shrimp mousse with cream and watercress sauce

Délice à la mode du Fadeau      C.F.
crab and lobster meat in thin crepes

Pyramide de Bresse aux morilles      C.F
(only for real connoisseur)

Terrine de faisan
delicate pheasant pâté

Escargots au vermouth
snails flambeed with white vermouth

Saumon d'Atlantique fumé par le Patron
Our own smoked salmon

Asperges Maltaise    (in season)
green asparagus, maltaise sauce

Caviar de la Caspienne

Foie gras de Strasbourg

———————— • ————————

# POTAGES - SOUPS

Consommé Nevers

     Soupe à l'oignon gratinée

         Crème Andalouse
         velvety vegetable soup

———————— • ————————

# FRUITS DE MER — SEA FOOD

Fruits de mer à la julienne de légumes   C.F.
seafood, vegetables and a touch of genius

Escalope de saumon à l'anéth
fresh salmon with a delicate cream and dill sauce

Poisson frais selon arrivage
fresh fish as available ( ask your waiter )

Gratin de langoustines Fernand Point
scampis in refined cream and cognac sauce

Langoustines grillées à l'ail
broiled north-sea scampis with garlic butter

30

# VIANDES — MEATS

Suprême de volaille soufflé aux morilles  C.F.
breast of grain fed chicken stuffed with morel mousse

Confit de canard
Duck prepared as in Southern France. It cannot be crisp.

Carré d'agneau rôti à la menthe
roast rack of lamb in mint flavoured sauce

Ris de veau aux poires                    C.F.
sweetbreads and pears braised in cream

Rognons de veau sautés à l'ancienne
veal kidneys in cream, old style mustard and brandy sauce.

Escalopes de veau au Xérès
veal scallops with mushrooms, cream and sherry sauce

Aiguillettes de boeuf à l'estragon
julienne slices of beef filet in tarragon sauce

Entrecôte grillée aux oignons verts
grilled sirloin with green shallots and wine sauce

Steak au poivre noir
pan broiled sirloin steak with cognac and peppercorn
                                                sauce

Tournedos Archiduc
filet mignon, foie gras de Strasbourg, madeira sauce

Châteaubriand grillé à l'échalote
                              { pour
                                for  2 }

note:  C.F  —  Création Le Fadeau

31

*un excellent souvenir d'un excellent repas*

*Yoland Guérard*

«*Un excellent souvenir d'un excellent repas.*»
*le regretté Yoland Guérard*
1977

# De la Russie à Bocuse...
# la truite en croûte

Tous ceux qui ont vu *Le Déclin de l'empire américain* le savent : le koulibiac[9], c'est un poisson en croûte. Sa réalisation est d'une grande difficulté, surtout — et c'est paradoxal — lorsqu'on le sert dans un restaurant. En effet, il doit être cuit à la commande ; pour qu'il soit moelleux, on verse du beurre dans une cheminée au cours de la cuisson. « C'est bien si l'on ne fait que cela mais, dans une cuisine qui débite un certain nombre de couverts, ce n'est pas praticable. Certains restaurants de Montréal servent le koulibiac en tranches qu'ils réchauffent. Ce n'est pas la même chose : le koulibiac doit être découpé lorsque de la vapeur se dégage de la pâte », explique le chef.

D'autre part, il aime réaliser le koulibiac avec une pâte briochée, « une pâte qui pousse, une pâte qui recèle des ferments et qu'il faut utiliser quand on la fait, ce qui n'est pas non plus praticable », dit-il. Ces « impossibilités techniques », comme il les appelle, ne le désarçonnent pas. Il retourne l'idée dans tous les sens, sans arriver à une solution. Un soir, il dîne chez Bocuse, et c'est là qu'il découvre le « chaînon manquant ». On lui sert des filets de loup de mer avec une mousse de poisson dans une pâte feuilletée. « Tout en admirant son adaptation, je l'ai trouvée infiniment inférieure au koulibiac russe bien fait. Mais je suis revenu à Montréal et, à partir de ces deux idées — le koulibiac et la technique de Bocuse —, j'ai composé un plat qui, à l'époque, fut très populaire et qui est la truite en croûte (R : p. 34). »

Pour paraphraser Lavoisier, l'on pourrait rappeler que « rien ne se perd, rien ne se crée, tout se transforme ». Ainsi naissent les bonnes idées, de fil en aiguille...

# Truite saumonée en croûte

*(pour 5 ou 6 personnes)*

On trouvera l'histoire de cette recette en page 33.

| | |
|---|---|
| 1 | truite saumonée de l'Atlantique d'environ 1 kg (2 lb) ou plus, coupée en filets |
| 400 g | (13 oz) de pâte feuilletée * |
| 12 | crêpes au sarrasin (voir la recette à la page 35) |
| 3 | jaunes d'oeufs durs, hachés |
| 250 g | (1 tasse) de champignons émincés |
| 2 | oignons moyens, finement hachés |

| | |
|---|---|
| 250 mL | (1 tasse) de riz cuit (voir la recette ci-dessous) |
| 125 g | (4 oz) de mousse de poisson (voir la recette à la page 35) |
| | infusion de tapioca (voir la recette à la page 35) |
| 4 | c. à soupe de beurre |
| 3 | c. à soupe d'aneth, finement haché |
| 1 | jaune d'oeuf, battu |
| | sauce à l'aneth (voir la recette à la page 36) |

## Riz cuit

| | |
|---|---|
| 200 g | (¾ tasse) de riz à longs grains |
| 175 mL | (¾ tasse) de bouillon mixte (R : p. 87) |

| | |
|---|---|
| 1 | c. à soupe de beurre |
| 1 | c. à thé de sel |
| 1 | grosse pincée de poivre |

Faire chauffer le beurre dans une casserole. Y ajouter lentement le riz tout en remuant. Ne pas le faire colorer.

Ajouter le bouillon mixte et amener à ébullition. Saler et poivrer.

---

* La préparation de la pâte feuilletée nécessitant un doigté qui ne s'acquiert pas du jour au lendemain, il est préférable de s'en procurer dans une bonne pâtisserie.

Réduire la température, couvrir et laisser mijoter pendant 20 minutes. Au bout de ce temps, le riz aura absorbé le liquide. Réserver au chaud.

## Infusion de tapioca

Cette préparation doit être faite peu de temps avant l'assemblage du plat.

| | | | |
|---|---|---|---|
| 3 | c. à soupe de tapioca | 125 mL | (½ tasse) d'eau tiède |

Verser le tapioca dans l'eau tiède. Porter à ébullition et laisser mijoter de 5 à 8 minutes, jusqu'à ce que le liquide ait épaissi.

Mettre le tapioca dans un tamis et l'essorer en le pressant avec une spatule, de façon à exprimer toute l'eau.

Jeter le tapioca mais réserver le liquide de cuisson.

## Crêpes au sarrasin
*(pour 12 crêpes)*

| | | | |
|---|---|---|---|
| 75 g | (⅔ tasse) de farine tout usage | 2 | c. à soupe de beurre fondu |
| 6 | c. à soupe de farine de sarrasin | 4 | c. à soupe de beurre clarifié |
| 3 | oeufs | 2 | c. à soupe d'aneth, finement haché |
| 250 mL | (1 tasse) de lait | | sel |

Réunir les farines, les oeufs, le lait, le beurre fondu et le sel dans un robot. Mélanger le tout pendant quelques minutes. Incorporer l'aneth. Mélanger à l'aide d'une spatule.

Chauffer une poêle à crêpe d'environ 15 cm (6 po) de diamètre. Humecter le fond avec du beurre clarifié. Y verser une petite louche de la préparation. Incliner la poêle dans tous les sens, de façon que la pâte à crêpe s'étende uniformément. Dorer la crêpe, en la retournant avec une spatule. Préparer ainsi 12 crêpes.

## Mousse de poisson

| | | | |
|---|---|---|---|
| 125 g | (4 oz) de filets de merlan et de corégone | ½ | c. à thé de sel |
| ½ | oeuf battu | | poivre blanc |
| 75 mL | (⅓ tasse) de crème 35 % | 1 | pincée de muscade |

À l'aide d'une pince à épiler, enlever les arêtes qui pourraient être restées dans les filets. Couper les filets en petits morceaux.

Dans un robot, broyer la chair des poissons, l'oeuf, le sel, du poivre et de la muscade.

Ajouter lentement la crème, en gardant l'appareil ferme et non liquide. Passer au tamis fin.

Bien enveloppé, cet appareil peut se conserver 24 heures dans le réfrigérateur.

## Sauce à l'aneth

| | | | | |
|---|---|---|---|---|
| 250 mL | (1 tasse) de fumet de poisson (R: p. 86) | | | quelques gouttes de jus de citron |
| 125 mL | (½ tasse) d'un bon vin blanc sec | ½ | c. à thé de cognac |
| 125 mL | (½ tasse) de vermouth blanc sec | 2 | c. à soupe d'aneth haché |
| 2 | c. à soupe de beurre | 125 mL | (½ tasse) de crème 35% |
| | | | | sel et poivre |

Réunir le fumet, le vin blanc et le vermouth dans une casserole à fond épais. Réduire de moitié.

Ajouter la crème. Réduire encore de moitié.

Ajouter le cognac.

Incorporer l'aneth et le beurre à l'aide d'un fouet.

Rectifier l'assaisonnement avec du sel, du poivre et du jus de citron.

## Préparation et montage de la truite

À l'aide d'une pince à épiler, enlever soigneusement les arêtes qui auraient pu rester accrochées aux filets de truite. À l'aide d'un petit couteau bien aiguisé, couper la partie grise-noire de la chair.

Faire sauter les oignons dans le beurre, puis ajouter les champignons et continuer la cuisson quelques instants. Laisser refroidir. Ajouter les jaunes d'oeufs durs, l'aneth, le riz cuit et l'infusion de tapioca.

Abaisser la pâte feuilletée et y découper un rectangle de 40 cm × 30 cm (16 po × 12 po).

Recouvrir le rectangle de pâte avec 6 crêpes au sarrasin se chevauchant, tout en laissant dépasser la pâte feuilletée d'environ 5 cm (2 po).

Placer la moitié du mélange riz-oeufs-champignons sur les crêpes, et le premier filet de truite au centre. Étendre la mousse de poisson sur le filet, puis déposer le second filet par-dessus, dans le sens contraire, de façon à obtenir un rectangle d'épaisseur et de largeur uniformes. Appuyer sur les filets pour qu'il n'y ait pas d'espace entre eux. Ajouter de la mousse de poisson si cela est nécessaire.

Couvrir les filets avec le reste de la préparation riz-oeufs-champignons, et les recouvrir avec les 6 dernières crêpes.

Fermer la pâte en la scellant avec un peu de jaune d'oeuf battu. Badigeonner la surface de la pâte avec le reste du jaune d'oeuf. Décorer au goût.

Cuire de 25 à 30 minutes dans un four préchauffé à 200° C (400° F).

Pour servir, déposer une tranche de truite en croûte sur l'assiette et verser un peu de sauce sur la farce, sans mouiller la pâte.

*Le 6 mars 1979 !*

*Décor accueillant, service amical et cuisine exquise... Le Fadeau, c'est ma "Formule 1"! À très bientôt, j'espère,*

*Jacques Duval*

«Décor accueillant, service amical et cuisine
exquise... Le Fadeau, c'est ma ''Formule 1''! À très
bientôt, j'espère.»
Jacques Duval
1979

# De Chapel à Wojcik, ou le mystère des saveurs

L'histoire des inventions est pleine de coïncidences troublantes... la cuisine n'y échappe pas. Ainsi, le flan de foies blonds de volaille d'Henri Wojcik ressemble étrangement à celui d'Alain Chapel [10]... à moins que cela ne soit le contraire. Des deux, lequel est l'oeuf, lequel est la poule? Personne ne pourra jamais trancher, et il y a fort à parier qu'il n'y a rien à trancher. Le chef nous raconte cette étrange histoire...

Au début de 1970, il veut alléger le gâteau au fromage. Il réfléchit, fait des essais, feuillette les nombreux ouvrages de sa bibliothèque et, finalement, réussit un gâteau très léger. Toutefois, ce n'est plus un gâteau... c'est un flan! Il transpose le procédé au gâteau de foies blonds de volaille de Fernand Point [11]. Point et son ami Curnonsky [12] se sont inspirés, dans leur recette respective, de celle de Lucien Tendret [13], lequel la décrit dans son ouvrage *La Table au pays de Brillat-Savarin* [14]. Les bonnes idées circulent, on le voit. «À ma grande surprise, ce flan de foies était superbe!» se souvient le chef.

Bien sûr, les choses ne vont pas si vite et ne sont pas aussi faciles qu'elles en ont l'air. Puis, il y a la sauce, une sauce Nantua [15], faite avec des écrevisses, alors qu'à Montréal, en 1970, il n'y a pas d'écrevisses. Il essaie de contourner la difficulté, c'est ainsi qu'il substitue le homard aux écrevisses. C'est un échec, le mariage des goûts lui déplaît. Mais, il a une autre idée: les foies ont un goût de fumé, les morilles aussi; le scotch pourrait remplacer le cognac, pour la même raison... La solution est trouvée, le plat est alors mis à la carte.

Jean-Pierre Bonneville vient un soir souper au Fadeau — c'est un éditeur de Rouyn, grand collectionneur d'art et de manuscrits et gastronome éclairé. Il dit au chef: «Votre flan est extraordinaire! Il ressemble beaucoup à celui d'Alain Chapel, même si la sauce est différente. Avez-vous utilisé sa recette?» Chapel! «Non seulement je n'avais pas utilisé la recette de Chapel, mais je ne savais même pas très bien qui était Chapel à ce moment-là. C'était à ses tout débuts, il avait deux étoiles, je crois», dit le chef.

Quelque temps plus tard, Jean-Pierre Bonneville lui remet la recette manuscrite dont Chapel lui avait fait présent, en remerciement de son enthousiasme. «À mon immense surprise, c'était à peu près la même que la mienne: un flan allégé de foies de volaille!» constate le chef. Partis de la même recette traditionnelle, les deux chefs avaient fait la même démarche pour aboutir au même résultat, non seulement dans la forme, mais aussi pour les goûts.

# LA GASTRONOMIE

*PAR ROGER CHAMPOUX*
*(collaboration spéciale)*

# Dans le sillage des grands maîtres

Quelques heures durant, l'autre soir, nous aurons suivi le sillage des grands maîtres... fourchette à la main. Club sélect de gourmets, les Aristologues avaient choisi pour leur grand chapitre printanier le restaurant «Le Fadeau» (423, rue Saint-Claude), authentique gloire du Vieux-Montréal... et ce choix s'est révélé une totale réussite.

Les Aristologues — et c'est leur droit puisqu'ils paient l'addition rubis sur l'ongle — ont horreur de la banalité. Pas la moindre pédanterie de leur part; pure recherche de la qualité VRAIE. Une aussi délectable exigence n'était pas de nature à décontenancer M. Henri Wojcik, maître de céans, et le chef des cuisines, M. Philippe Marty... bien au contraire! Le restaurateur Wojcik qui fréquente, chaque année, les grands chefs français (Paris et la province) rapporte de ses pérégrinations gustatives les recettes de plats exclusifs dont se régale son aimable clientèle. Or, l'autre soir, ce fut vraiment le feu d'artifice dominé par trois «numéros» exceptionnels, à savoir: le gâteau de foies blonds de volaille, le

koulibiac de saumon et le chevreau farci et rôti. Pour les foies blonds (aux morilles), la recette est du célèbre Dumaine[1]; le saumon cuit dans une enveloppe de pâte à brioche[2] est du grand Urbain Dubois qui imagina cette recette à Saint-Petersbourg et pour le chevreau, même si M. Wojcik le cuit «à sa façon», il s'inspira d'une recette de M. Thuilier, l'éminente toque blanche de l'Oustau de Baumanière, établissement «trois étoiles» de la province française. Si j'ajoute que les pruneaux (au dessert) avaient été préparés à la manière de Fernand Point et si je précise que le consommé (au départ) était d'un classicisme de grande école, on reconnaîtra que les Aristologues étaient en excellente compagnie et qu'ils furent traités par un prince.

Pensez, un moment, au souci d'obtenir des foies UNIQUEMENT blonds pour en faire une mousse fondante! Pensez au consommé qu'il faut clarifier trois fois et dans lequel des fragments de moelle vont apporter du moelleux... c'est vraiment le cas de le dire. Pensez au koulibiac de saumon, parfumé aux herbes aroma-

41

tiques et qu'il faudra servir en splendeur sur une poissonnière en argent. Enfin, pensez au tendre chevreau à la chair si délicate qu'il faudra farcir avec des rognons d'agneau puis rôtir avec une habileté telle que jamais le goût de l'agneau ne l'emportera sur celui du chevreau. De la virtuosité alliée au talent.

Le Grand Maître, Cléo B. Boudreault et le Grand Chancelier, Errol David Feldman avaient demandé que soit respectée la tradition anglaise du granité, c'est-à-dire un «coup du milieu» froid et sans alcool. À vos ordres, mes seigneurs, et nous eûmes un sorbet au champagne et à la poire William's qu'il faut nommer poire «Bon chrétien» en notre langue. Avis aux intéressés.

Au passage, je signale la salade d'endives et de cresson, le riche plat de fromages pour en arriver aux vins qui se devaient d'être au diapason. Ils le furent, croyez-moi! D'abord

trois blancs, choisis parmi les plus prestigieux. Avec les amuse-gueule, le Clos des Chaumiennes, un Pouilly-Fumé 72 du domaine de Jacques Foucher. Quelle mise en bouche, mes amis! Ensuite pour saluer les foies blonds, un Meursault-Perrière 70 du domaine de Maurice Ropiteau. En escorte au saumon, le Montrachet du domaine Fleurot-Larose, de l'an 67, s'il vous plaît.

Puis deux rouges absolument divins. En accompagnement du chevreau... un Château Pichon-Lalande, de Pauillac, un 1966, notez-le. Puis, pour déguster le fromage, se présenta la reine de la soirée, portant l'auréole du Tastevinage 1962, une Romanée des caves de la Busserole. Finalement, une vénérable bouteille de Malvoisie ancien fut le point d'orgue de cette soirée.

«Le Fadeau», une très grande maison.

*La Presse*, le 9 avril 1974

Notes des auteurs

1. Plutôt de Fernand Point.
2. Il s'agit d'une variante de koulibiac et non pas de la truite en croûte à la manière de M. Wojcik.

# Flans de foies blonds de volaille

*(pour 6 personnes)*

Ces flans se servent avec une sauce aux morilles, dont la recette se trouve à la page suivante. On peut utiliser des foies rouges au lieu de foies blonds, mais on n'obtiendra pas la même finesse. Les foies blonds sont les foies, beige clair, de volailles qui ont été trop nourries; ils sont difficiles à trouver, car il s'agit en quelque sorte d'un accident de la nature, mais on peut les commander à son boucher. L'histoire de ce plat se trouve dans le texte, en page 39.

| | | | |
|---|---|---|---|
| 125 g | (4 oz) de foies blonds de volaille *ou*, à défaut, de foies de caille scrupuleusement dénervés | 1 | soupçon de noix de muscade râpée |
| 2 | oeufs entiers | ½ | c. à thé de farine |
| 125 mL | (½ tasse) de lait | ¼ | c. à thé de sel |
| 125 mL | (½ tasse) de crème 35% | 1 | pincée de poivre blanc |
| 1 | c. à thé de beurre fondu | | sauce aux morilles |
| 1 | pointe d'ail (le sixième d'une petite gousse) | | |

Combiner tous les ingrédients, sauf la sauce, dans un mélangeur et les réduire en purée. Passer au tamis.

Remplir 6 ramequins à environ 3 cm (1 po) du bord. Cuire au bain-marie, dans le four préchauffé à 175° C (350° F) pendant 30 minutes.

Pour dresser l'assiette, démouler un flan et l'y déposer. Disposer les morilles autour du flan, et napper le tout de sauce.

# Sauce aux morilles

*(pour 6 personnes)*

| | | | |
|---|---|---|---|
| 24 | belles morilles, déshydratées | 100 mL | (⅓ tasse + 5 c. à thé) de fond brun de veau (R: p. 45) |
| 200 mL | (¾ tasse + 5 c. à thé) de xérès Amontillado | 150 mL | (⅔ tasse) de crème 35% |
| 200 mL | (¾ tasse + 5 c. à thé) d'eau bouillante | 1 | c. à thé de scotch |
| | | | un peu de beurre (facultatif) |

Mettre les morilles dans une casserole et les arroser avec l'eau bouillante. Les laisser gonfler en les remuant fréquemment, afin qu'elles rejettent leur sable. Les retirer ensuite délicatement de la casserole et les réserver.

Passer cette infusion dans un filtre à café.

Ajouter le xérès et porter à ébullition. Réduire d'un tiers.

Ajouter le fond brun, la crème et les morilles. Laisser réduire de moitié. Retirer les morilles, qu'on utilisera en garniture.

Ajouter le scotch. Pour obtenir une sauce plus fine, mais plus riche, incorporer un peu de beurre.

# Fond brun de veau

*(Pour environ 1 L [4 tasses])*

| | | | |
|---|---|---|---|
| 2 kg | (4 lb) d'os de veau | 3 | c. à soupe de concentré de tomates |
| 1 | grosse carotte | | |
| 2 | gros oignons | 1 | bouquet garni (thym, persil, laurier, 10 grains de poivre écrasés) |
| 1 | poireau | | |
| 1 | branche de céleri | | |
| 3 | gousses d'ail | 2 | c. à thé d'huile végétale |
| 1 | c. à soupe de gros sel | 4 L | (16 tasses) d'eau |

Peler les légumes et les couper en gros morceaux. Peler l'ail. Préparer le bouquet garni.

Verser l'huile dans une lèchefrite. Y faire colorer les os en remuant souvent.

Lorsqu'ils commencent à se colorer, ajouter les légumes, l'ail et le concentré de tomates. Continuer la caramélisation jusqu'à ce que les os soient bien colorés.

Jeter la graisse de cuisson. Mettre les os et les légumes dans une grande casserole, ainsi que le bouquet garni et le sel. Couvrir d'eau et porter à ébullition en écumant.

Réduire la température et poursuivre lentement la cuisson pendant 4 ou 5 heures, en écumant. Rajouter de l'eau si cela est nécessaire, afin que les os en soient toujours recouverts.

Passer au tamis, puis faire réduire de moitié.

# LES GRANDES DATES DE LA CUISINE DU FADEAU

# Les premiers pas
# de la cuisine-minceur

«Mon bonheur est de faire la cuisine qui me plaît. À la limite, que les gens la mangent m'indiffèrent [16].» L'affirmation est de Joël Robuchon [17], sentiment qu'Henri Wojcik ne partage pas tout à fait. Il dit: «Nous, les chefs, nous devons nous satisfaire au chapitre de la création, bien sûr, mais il ne faut pas oublier la nécessité de satisfaire aussi les clients qui ne sont pas portés sur la nouveauté des choses.» Et subir l'indifférence, l'ignorance ou les reproches de ceux qui ne comprennent pas... pas encore. Ainsi, les couronnes des chefs comportent elles aussi quelques épines, nous allons le voir.

Vers le début des années 70, le chef capte une inflexion dans le pouls des dîneurs: ils n'encensent plus les sauces riches, ils repoussent les assiettes pantagruéliques. Il commence à chercher, sans toutefois connaître encore les travaux de Michel Guérard [18]. Il baptise cette avenue de recherches «cuisine à basses calories». Ce sont quelques plats qui apparaissent ici et là au cours des années suivantes, et qui aboutissent à l'élaboration d'un menu-minceur qui changeait constamment, parallèlement à la carte, moins surprenante, plus traditionnelle, mais balisée par les grands succès précédents. Les avis sur ces plats sont partagés. Le chef ne lie plus ses sauces à la farine: un critique les qualifie d'«aqueuses». «Je fus vertement critiqué, mais ce souvenir est pour moi agréable, dit Henri Wojcik. Il prouve que je fus le premier, en tout cas à Montréal, à introduire ces sauces légères, puisque le critique en question les découvrait chez moi.»

Cette cuisine est aussi «gourmande», c'est-à-dire qu'elle ne diffère gustativement en rien de la cuisine normale, précise le chef du Fadeau. Les portions, aussi, sont normales. Seul le nombre des calories a été divisé par deux. Michel Guérard, de son côté, table sur la petitesse des portions. «Les quantités étaient tellement petites que j'aurais pu manger trois portions. À mes yeux, ce n'était plus un menu-minceur, mais un menu de régime», se dit Henri Wojcik après une visite à Eugénie-les-Bains.

Ce parti pris prend la direction d'une haute voltige technique avec la création de la fameuse béarnaise sans beurre.

## La béarnaise sans beurre : un exploit sans lendemain

Les sauces sont la hantise de ceux qui surveillent leur poids. Henri Wojcik le sait. Il ne se contente pas de les alléger en supprimant la farine... il supprime aussi le beurre dans sa béarnaise[19]! Une béarnaise sans beurre? Mais c'est impossible! Après des mois de recherche, il prouve le contraire. Farceur, il sert cette sauce à ses clients sans les en avertir, et personne ne découvre la supercherie. Machiavélique, il soumet à l'épreuve la critique Bee McGuire : des deux sauces servies dans son assiette, elle préfère celle qui ne comporte pas de beurre. D'autres subiront le même examen avec le même résultat.

«Nous en étions très fiers! Nous étions très enthousiastes! se souvient le chef. Les gens trouvaient cela extraordinaire : le défi était le même que de faire du vin sans raisin.» Pourtant, au bout d'un an, il laisse tomber cette merveille, et il ne l'a jamais plus refaite depuis. Pourquoi? «J'ai eu le sentiment d'avoir accompli un travail de Sisyphe... qui ne servait à rien!» En effet, il est outré de regarder ses clients manger des pommes de terre et demander du pain et du beurre, alors qu'il se refuse à en servir avec ses menus-minceur. «Quelle déception!» se souvient-il.

Mais, il y a autre chose. Dans toutes les officines secrètes où se concoctent les coups de théâtre, il y a un maître d'oeuvre, souvent le seul capable de se faire répéter les miracles : la béarnaise est d'une grande difficulté technique, et seuls Henri Wojcik et son chef des cuisines peuvent la réaliser. «Si nous la donnions à faire à un autre cuisinier, c'était toujours raté! Si je n'étais pas là, si mon adjoint me quittait, on ne pouvait plus la servir», constate-t-il.

Il rend public son secret pour la première fois (mais il ne nous en donnera pas la recette exacte!): «En gros, c'était un sabayon fait très adroitement, avec les ingrédients de base de la béarnaise. La consistance du sabayon était renforcée par une purée de légumes.» On peut toujours essayer, mais sans connaître la juste température de coagulation, de prise et de forme?!...

Les gastronomes assis devant leur assiette disent aux chefs: étonnez-nous. Mais ils sont ingrats. Ou le chef, peut-être, était en avance sur son époque et son milieu. Sa cuisine «à basses calories» intrigue, amuse, étonne... Mais la clientèle est un peu réticente devant une telle étrangeté. Elle continue à manger son pain et son beurre, à profaner les sauces légères du chef. «Si c'était une amusette, je me refusais à jouer le rôle d'amuseur public! Avec le temps, j'ai constaté qu'on prenait cela pour une amusette...», déplore-t-il. Alors, bien qu'il n'abandonne pas le tournant irréversible de la légèreté, il met un point final à cet art du déguisement, qu'il a conduit à son apogée avec sa béarnaise, et tourne sa curiosité vers d'autres cieux culinaires.

# LA GASTRONOMIE

*PAR ROGER CHAMPOUX*
*(collaboration spéciale)*

# Ces sauces qui ont étranglé tant de foies

Nous sommes en pleine technique : lisez donc ce qui suit avec attention.

La chair du jeune homard avait été gentiment pochée dans un court-bouillon additionné d'un COULIS DE POIREAU. Le flanc de saumon sera nappé d'un sabayon monté aux jaunes d'oeufs et vin blanc auxquels on ajoute UN PEU DE BASILIC EN POUDRE. Le ris de veau est présenté avec des POIRES MÛRES qui ont été pochées dans un mélange de LAIT, CRÈME, puis COULIS ET EAU-DE-VIE DU FRUIT. Le tournedos aux oignons verts accepte d'être escorté d'une béarnaise SANS MATIÈRE GRASSE et faite à base d'ARTICHAUTS et de POIS VERTS. Les oeufs à la neige nagent dans une sauce aux FRAMBOISES. Insolite, n'est-ce-pas ?

Bon, vous êtes étonnés, que disje, surpris ! La vraie surprise est que ces plats sont tous réussis, merveilleusement légers, et qu'on peut désormais les obtenir au service de la table d'hôte du restaurant « Le Fadeau », au 42 de la rue Saint-Claude, à 150 pas du Palais municipal.

Ainsi pour la première fois à Montréal, sauf erreur, des formules de la Nouvelle Cuisine sont mises au point et se comparent favorablement avec les innovations des grands ténors : Guérard, Bocuse, Troisgros, Vergé, ces chefs de file d'une réforme amorcée en France et maintenant popularisée sous le nom de Cuisine-minceur.

M. Henri Wojcik, propriétaire de l'établissement dont il est l'animateur inventif, l'expérimentateur en cuisine et l'administrateur clairvoyant, aura « travaillé » dans le sillage des novateurs français. Officiant en une ville aux rudes (et sempiternels) hivers, M. Wojcik se garde cependant d'être aussi catégorique que ces messieurs. L'évolution s'opère donc par étapes. Certes, ayant impitoyablement banni les matières grasses, les féculents, les amidons, il a dit adieu pour toujours aux sauces lourdes et épaisses, riches et étouffantes, mais il conserve le beurre à la condition que ce soit peu, très peu. De fait, il fait échec à la crème trop « cholestérolante » ( ! ), en utilisant en un dosage étudié un lait en poudre de toute première qualité. Surtout, il s'ingénie à rendre hommage aux légumes verts — si souvent dénigrés et on voudrait bien savoir pourquoi? — qu'il présente «al dente», c.-à-d. cuits-croquants.

L'autre soir, disons-le honnêtement, la chair blanc-rose du homard ne paraissait guère heureuse dans le coulis de poireau — cette sauce ornée de citron et ciboulette devra être «relevée» pour devenir parfaite. Par ailleurs, le flan de saumon reçut une approbation éloquente et le ris de veau aux poires devait nous ravir dans une délicieuse extase buccale.

L'ami Wojcik demeurait quand même soucieux. «Vous ne pouvez pas, me confia-t-il, tout chambarder d'un revers de main. Nous sommes tous un peu bedonnants et avec un profil en rondeur, parce que, voyez-vous, nous adorons le pain, le bon beurre, les pommes de terre, les salades bien huileuses; devant le plus doux péché qui soit, nous sommes (tous) sans défense.»

Pourtant, il faut combattre la rondeur et chercher à retrouver la minceur! Affaire d'intelligence, d'équilibre et surtout de modération. La Nouvelle Cuisine, sachons le reconnaître, ne comporte pas que des excentricités. De toute évidence, l'époque des ragoûts pour «tablées» de dix est révolue. Les gelées, les mousses riches, la mayonnaise à pleine cuiller, les omelettes à huit oeufs sont sûrement plus redoutables qu'un poulet rôti dans son jus.

Apprenons à cuire moins au beurre et plus à la vapeur: les traditionalistes de la table vont objecter, mais il est temps qu'ils sachent que personne n'a plus le «coffre» de nos ancêtres. Les fameuses sauces brunes et blanches, les «espagnoles», les Mornay, les Choron, les béchamels qui ont étranglé tant de foies et de gratins en tous genres sont des étouffe-chrétiens... aussi bien le savoir une fois pour toutes.

Ce dîner-étude au Fadeau aura été un enchantement gustatif. Nous avons, bien sûr, évoqué le souvenir du grand Carême, rappelé les règles combien classiques d'Escoffier et la codification combien respectable de Prosper Montagné mais, également, nous avons découvert combien délectable pouvait être un ris de veau aux poires et un tournedos aux oignons verts!

Puis-je ajouter que le ris était accompagné d'un Château Malartic-Lagravière 64 et que le tournedos était émerveillé d'être salué par un Vieux-Château-Certan, premier grand cru de Pomerol, très fier de ses dix années de bouteille.

Comme quoi la table montréalaise ne sera jamais banale.

# Dining Out

## William and Françoise Neill

"THE COMPLICATED and sometimes heavy menus (of traditional classic cuisine) would be unwelcome to the highly civilized appetites so common nowadays: Hence, the need of radical change in the culinary preparations themselves... Scarcely one old-fashioned method has escaped the necessary new moulding required by modern demands... Dishes... must be savoury and light... The old adage 'la sauce fait passer le poisson' has long since ceased to be true." One would imagine this quote comes straight from one of France's superstar chef-reformers — Paul Bocuse, the brothers TroisGros, or Guérard of cuisine minceur fame — the architects of la nouvelle cuisine française who are upsetting the culinary applecart with cries of "Back to basics! Out with flour and artificial thickeners! In with fresh regional produce prepared to taste like itself!"

Paradoxically, the quote comes from Escoffier, the turn-of-the-century rule-maker whose principles nouvelle cuisine revolutionaries are bucking — and with some reason. Certain sauces of Escoffier's classic cuisine cause the taste of the fish or foul they are saucing to disappear completely. While Escoffier rejected the adage "la sauce fait passer le poisson", his recipes include a certain saddle of veal Orloff. The recipe was created for Prince Orloff expressly to hide the taste of the veal which the prince was obliged to serve but couldn't abide. Stuffed with truffles and a soubise of purée rice and onion, the veal was "masked" under Mornay sauce salamandered with gruyère.

La nouvelle cuisine, on the other hand, is out to "take the clothes off" fresh products of sterling quality. (Not to be confused with cuisine minceur, nouvelle cuisine recipes concentrate on purity of ingredients, and simplified, honest preparations rather than on calorie-cutting.) William and I have been waiting with interest for its appearance in Montreal. Enfin...

This week, we had an extraordinary dinner at Le Fadeau. Now the menu may not sound earthshaking — a pale topaz consommé perfumed with cèpes, those porous forest mushrooms with a distinct, almost gamey flavor... salmon quenelle, light as seafoam in a piquante wine and fennel sauce... a tender médaillon of beef under an eiderdown of Béarnaise, and the final crown, a trio of unusual sherbets maison — cantaloupe, mango and pear. What *was* extraordinary, aside from a general excellence of preparation, was the calorie count — a total of 900, according to the menu's creator, Fadeau owner Henri Wojcik, compared to 3,000 for its classic cuisine counterpart.

You won't emerge an instant wraith, in other words, from this gourmet meal, but you won't gain weight either.

Mr. Wojcik hasn't adopted the exact recipes of cuisine minceur originator Michel Guérard. "Our Canadian products are so different that his tricks for enriching sauces with fromage blanc and a purée vegetable formula don't work at all here." Instead, he started from scratch in his kitchen and came up with an Archimedean discovery — a Béarnaise sauce made without butter, as unlikely an accomplishment as an omelette made without eggs. In this version, the wine vinegar, shallott and egg basics are combined with Wojcik's own purée of vegetable formula instead.

"We tried all sorts of vegetable combinations. Nothing would make the Béarnaise mount. Then a cook mistook our experimental purée for a soup and added his own vegetables to liven it up. By accident, we had our formula!"

William and I actually preferred his 60-calorie Béarnaise to its 550-calorie counterpart which I whip up at home and which we sampled at the table as a control. The perfect compliments to our perfectly grilled filet.

Wojcik's consommé minceur, while pungent with cèpe extract, is so light that it doesn't gell in the refrigerator. And his salmon quenelle — a salmon flan —, actually, created not with cream but with milk in a bainmarie (190 calories as opposed to the classic 850!) and served in an ingeniously snappy sauce of powdered two per cent milk, vermouth and fennell, was nothing short of a small tour de force, marred by none of the appetite-cutting heaviness of the classic quenelle.

The trio of sherbets which he creates at home with sucaryl (while it's still legal) and a powdering of sugar, were delicately perfumed if not quite flawless in texture.

William and I can honestly say that our 900-calorie dinner was a runaway success, even discounting concern for avoirdupois, with plaudits for the salmon and a chapeau for the sauce Béarnaise.

To date, only a single dinner choice is offered in the evening — no steal at $16.75 — but the experiment is still in the early stages.

*Dinner for two with wine and tip was $60.*

*The Gazette*, le 18 juin 1977

# Des dizaines de plats oubliés,
# certains devenus des classiques

Il y a un certain désespoir dans l'acte de cuisiner, dans cette poursuite acharnée à procurer du plaisir à des dîneurs facilement blasés, qui, iconoclastes forcés, détruiront l'oeuvre à jamais d'un seul coup de fourchette. Qu'importe... surtout si le chef lui-même, contaminé par ce sentiment de l'éphémère, ne conserve même pas ses propres recettes, réussites mais créations sans lendemain puisque aucune trace n'en subsiste. «Je me rends compte maintenant que c'est dommage, dit-il. Mais, au moment où je le fais, je suis totalement imbu de ce plat-là, je le sais par coeur. Ensuite, les années passent, je l'oublie. Je le refais quelques années après, mais pas toujours aussi bien!»

De ces périodes d'intense recherche et de création, quelques plats ont surnagé, aujourd'hui à la carte ou servis dans les menus-dégustation. Ainsi en est-il de la soupe aux concombres surs et au rognon de veau (R: p. 58), qui marque la période «retour aux sources» d'Henri Wojcik, au cours de laquelle il s'est souvenu de la cuisine rustique de son enfance, qu'il a cherché à raffiner, «jouant avec les normes gustatives et les alliances» que sa mémoire lui a restituées. «Son succès a été très mitigé, même dans les menus-dégustation, estime-t-il. Quelques personnes l'ont trouvée extraordinaire, d'autres ont fait la grimace. C'est toujours comme cela quand on fait quelque chose de nouveau.»

Puis il y eut, entre autres, les médaillons de veau aux câpres chaudes et au zeste de citron (R: p. 59), une innovation, alors qu'à cette époque on ne servait les câpres que froides dans les salades César et avec le saumon fumé. Quant à l'escalope de veau à l'orange, «certaines personnes m'en parlent encore», dit le chef. La fameuse truite en croûte (R: p. 34), bien qu'elle soit devenue depuis un classique, a subi une grande défaveur lorsque le battage autour de la nouvelle cuisine a atteint son zénith, aux alentours de

1976. « Tout ce qui était en pâte, en croûte, en feuilletage, a immédiatement été rejeté, parce que soi-disant lourd et gras. On a été un peu obligés de l'abandonner, les clients n'en voulaient plus. Pour eux, c'était de la cuisine ancienne. »

Plusieurs se souviendront de l'agneau en croûte (R: p. 60) ou de la crème froide au curry, aux pommes et aux concombres (R: p. 62), parce qu'ils sont devenus des classiques, tout comme les langoustines au rutabaga (R: p. 112), une alliance originale avec un légume méprisé.

*« Le Fadeau est bien sûr le meilleur restaurant de Montréal. »*
*Claude Chabrol*

# Soupe aux concombres surs et au rognon de veau

*(pour 8 personnes)*

Les concombres surs sont vendus dans le commerce sous le nom de cornichons à la saumure. Il ne s'agit pas de concombres préparés au vinaigre. La chair de pieds de bovin est déjà cuite. Elle a servi à la préparation du fond blanc de pieds de bovin, dont la recette se trouve en page 84.

| | | | |
|---|---|---|---|
| 1,25 L | (5 tasses) de bouillon mixte (R: p. 87) | 2 | concombres surs, coupés en bâtonnets, et leur saumure |
| 75 g | (⅓ tasse) de chair de pieds de bovin, finement hachée | 1 | c. à soupe de beurre clarifié |
| 30 | mini-carottes, pelées | 1 | petit rognon de veau, entière- |
| 18 | petits oignons blancs | | ment nettoyé et coupé en deux dans le sens de la longueur |

Dans une petite casserole, verser 250 mL (1 tasse) de bouillon mixte et y faire cuire les mini-carottes et les oignons blancs. Retirer les légumes lorsqu'ils sont tendres et les réserver.

À ce fond de cuisson, ajouter 2 c. à soupe de saumure, les bâtonnets de concombre et la chair de pieds de bovin. Porter à ébullition et laisser frémir quelques minutes en écumant attentivement. Réserver.

Dans une poêle, faire sauter rapidement le rognon de veau dans du beurre clarifié. Poursuivre la cuisson pendant 6 ou 7 minutes, dans le four préchauffé à 160° C (325° F), puis trancher finement le rognon.

Réchauffer 1 L (4 tasses) de bouillon mixte et y ajouter le jus de cuisson des concombres et des pieds de bovin.

Au moment de servir, réchauffer les mini-carottes, les oignons blancs et les bâtonnets de concombre, et les déposer au fond des assiettes à soupe. Ajouter la chair de pieds de bovin et les morceaux de rognon. Couvrir de bouillon mixte. Servir chaud.

# Médaillons de veau aux câpres chaudes et au zeste de citron

*(pour 4 personnes)*

Vers 1970, servir les câpres chaudes était une nouveauté. L'utilisation du gingembre était très peu répandue ; ici, son goût perce et doit être perçu alors que, dans d'autres recettes, il n'est qu'un support servant à exalter la saveur des autres ingrédients.

| | | | | |
|---|---|---|---|---|
| 360 g | (12 oz) de filet ou de contre-filet de veau parfaitement dénervé | 5 g | (⅙ oz) de gingembre frais |
| 75 mL | (⅓ tasse) de fond brun (R : p. 45) | | un peu de farine |
| | le zeste d'un citron | | un peu de jus de câpres |
| 2 | c. à soupe de câpres égouttées | | un peu de jus de citron |
| 2 | c. à soupe de beurre clarifié | 12 | rondelles de poivron rouge blanchi, pour la décoration |
| 2 | c. à soupe de beurre frais, coupé en menus morceaux | | sel et poivre blanc |

Enlever le zeste du citron à l'aide d'un économe (couteau-éplucheur) et le couper en une julienne extra-fine. Le blanchir pendant 3 minutes et l'égoutter.

Peler le gingembre et le couper en une julienne extra-fine.

Détailler le filet en 12 médaillons réguliers. Les enfariner légèrement et les secouer pour faire tomber l'excédent de farine.

Dans une poêle à fond épais, faire sauter rapidement les médaillons de veau dans le beurre clarifié. Les retirer de la poêle et les réserver au chaud.

Jeter le beurre de cuisson et déglacer la poêle avec quelques gouttes de jus de câpres et de jus de citron, le fond brun et la julienne de gingembre. Faire réduire de moitié. Ajouter la julienne de citron et les câpres. Faire mijoter 2 ou 3 minutes.

Retirer la julienne de citron (qui servira en garniture). Hors du feu, incorporer progressivement à cette sauce, à l'aide d'un fouet, les morceaux de beurre. Réchauffer, saler et poivrer.

Pour servir, napper de sauce aux câpres le fond de l'assiette. Y déposer 3 médaillons de veau, surmontés de julienne de citron. Garnir chaque médaillon d'une rondelle de poivron.

# Agneau en croûte

*(pour 4 personnes)*

Voici une façon intéressante de traiter l'agneau, où les feuilles de vigne jouent un rôle double: 1) elles assaisonnent l'agneau; 2) elles isolent, ce qui permet de cuire la pâte feuilletée sans la mouiller et de garder l'agneau saignant.

| | | | |
|---|---|---|---|
| 4 | longes d'agneau printanier de 15 cm (6 po) de long chacune | | un filet de cognac |
| | | | un peu de farine |
| 75 g | (2½ oz) de chair maigre d'agneau, finement hachée | 1 | pincée de muscade |
| 4 | c. à soupe de crème 35% | 1 | oeuf battu |
| 12 | feuilles de vigne (dans les épiceries orientales) | 250 mL | (1 tasse) de fond brun d'agneau (facultatif) * |
| 400 g | (13 oz) de pâte feuilletée au beurre (dans toutes les bonnes pâtisseries) | 1 | pincée de sel et du poivre, au goût |
| 2 | c. à soupe de beurre | | |

* Le fond brun d'agneau se prépare comme le fond brun de veau, dont la recette se trouve en p. 45. Pour 250 mL (1 tasse) de fond, il faut environ 500 g (1 lb) d'os.

Faire désosser les 4 longes. Chacune est composée d'un contre-filet — une languette d'environ 6 cm (2,5 po) de large — et d'un filet, qui est de la grosseur d'un doigt.

Préparer la mousse d'agneau à l'aide d'un robot, en incorporant doucement la crème à la chair d'agneau hachée.

Ajouter la moitié de l'oeuf battu, le cognac, la muscade, le sel et le poivre.

Saupoudrer de la farine sur une surface lisse et abaisser la pâte feuilletée aussi finement que possible. Y découper 2 rectangles de 25 cm x 20 cm (10 po x 8 po).

Couvrir chaque rectangle avec 6 feuilles de vigne se chevauchant, en laissant autour une bordure libre d'environ 2,5 cm (1 po).

À l'aide d'une spatule, étaler la mousse d'agneau sur la surface plate de chaque contre-filet.

Coller ensemble 2 contre-filets, en pressant les côtés tartinés.

Étaler de la mousse sur les côtés de ce «sandwich», afin de pouvoir y coller les filets.

Étendre uniformément la mousse sur toute la surface de chaque sandwich.

Poser chaque sandwich, dans le sens de la longueur, au centre de chaque feuilletage.

Refermer le feuilletage autour de chaque sandwich, en scellant la pâte à l'aide d'un peu d'oeuf battu. Avec le reste de l'oeuf, badigeonner la surface des feuilletés.

Cuire de 19 à 22 minutes dans le four préchauffé à 200° C (400° F).

Si vous avez préparé du fond brun d'agneau, le réchauffer en ajoutant du beurre en petits morceaux et un peu de cognac. Fouetter énergiquement. Servir cette sauce en flaque sous les feuilletages qu'on aura découpés en 4 portions chacun.

# Crème froide au curry, aux pommes et aux concombres

*(pour 8 personnes)*

Ce potage est une variante des soupes froides, dont la plus connue est la vichyssoise. Connaissant l'engouement des Anglo-Saxons pour le curry, Henri Wojcik l'a créé spécialement pour eux.

| | | | |
|---|---|---|---|
| 500 g | (2 tasses) de pommes de terre Idaho, coupées en cubes | ¼ | c. à thé de sauce Worcestershire |
| 500 g | (2 tasses) d'oignons hachés | 2 | concombres de grosseur moyenne |
| 6 | c. à soupe de beurre | | |
| 1,5 L | (6 tasses) de bouillon mixte (R: p. 87) | 2 | ou 3 gouttes de sauce Tabasco |
| 500 mL | (2 tasses) de crème 35% | 1 | c. à soupe de ciboulette, finement hachée |
| 1 | à 1½ c. à thé de poudre de curry | | sel et poivre, au goût |
| 1 | grosse pomme rouge Délicieuse | | |

Dans une lourde casserole, faire fondre 3 c. à soupe de beurre et y faire suer les oignons en remuant souvent. Quand les oignons seront devenus translucides (au bout de 3 ou 4 minutes), ajouter les cubes de pommes de terre et le reste du beurre. Continuer la cuisson pendant 5 minutes, en remuant souvent et sans faire se colorer les ingrédients.

Ajouter le bouillon mixte. Saler et poivrer au goût. Couvrir et cuire sur feu moyen pendant 45 minutes. Laisser refroidir, puis passer le tout à la moulinette et le tamiser. Laisser refroidir entièrement.

À cette préparation froide, ajouter la crème, la sauce Tabasco, la sauce Worcestershire et le curry: la moitié du curry si la soupe est servie dans quelques heures, la totalité si elle doit être servie immédiatement.

Peler et évider la pomme et les concombres, et couper le tout en petits cubes. Les déposer dans la crème au curry. Saupoudrer de ciboulette et servir.

*«Belle soirée. Nourriture fine et excellente. Nous reviendrons.*
*Sincèrement.» Juliette Huot*
*«Une belle soirée. Merci.» Marjolaine Hébert*
*«Grand merci!» Rita Lafontaine*
*«Bravo!» Amulette Garneau*
*«Hum...! Hum...! Hum!» Béatrice Picard*
*«Agréable!» Françoise Lemieux*
*«Merci pour l'excellent repas et pour le champagne.» Janine Sutto*
1980

# Un musicien a besoin d'applaudissements : la passion des fruits

Le journaliste Roger Champoux a joué un grand rôle dans la carrière d'Henri Wojcik. «S'il n'avait pas été là, j'aurais peut-être abandonné certains plats. Un musicien a besoin d'applaudissements, un chef, aussi. Si personne ne remarque ce que je fais, c'est décourageant. Je me dis alors ''pourquoi me donner de la peine, je vais faire des steaks!''» explique ce dernier.

Le titulaire de la chronique «La gastronomie» au journal *La Presse* est convié en 1981 à un repas au Fadeau, au cours duquel on lui présente différentes primeurs : le homard aux deux melons et au gingembre (R : p. 67), le ris de veau aux poires (R : p. 68), les aiguillettes de canard col-vert aux bananes, de même que la glace au miel et à la camomille (R : p. 123). Le chef vient de réussir haut la main l'introduction de sa nouvelle passion : les fruits. «De tels plats exigent un rare savoir-faire», écrit Roger Champoux.

Devant un tel succès, on peut s'étonner qu'Henri Wojcik ait malgré tout rejeté cette orientation de la cuisine aux fruits, tout en conservant les fleurons. «Je ne l'ai pas rejetée, proteste-t-il, mais, comme toujours, je progresse, je change. D'avoir fait quelque chose m'ennuie déjà. Quand je pense avoir maîtrisé cette chose, quand elle ne présente plus de défis, de problèmes, je passe à autre chose.» La cuisine créative n'est pas un travail à la chaîne, c'est-à-dire qu'il ne s'agit pas de mettre des plats au point, puis de les répéter à l'infini. L'intérêt du métier est ailleurs et, s'il semble parfois s'égarer sur des chemins de campagne, il débouche souvent sur des autoroutes, comme nous allons encore le constater.

## LA GASTRONOMIE

**par Roger Champoux**

# Splendeur de la cuisine aux fruits

On suit ceux qui marchent! L'avant-gardisme (fécond) en matière de fine cuisine n'a pas tellement de chefs de file à Montréal. Les créateurs se comptent sur les doigts d'une seule main. Mais prenons courage, car nous avons quand même quelques novateurs qui ont du talent et de l'audace et nous en donnent souvent l'illustration.

L'autre jour quelques membres de la presse gastronomique locale étaient conviés à un déjeuner tout à fait exclusif. M. Henri Wojcik, restaurateur émérite, soumettait quatre plats parmi une brochette de créations dont il offre la primeur à la clientèle de son établissement, Le Fadeau.

L'événement ne rejoignait en rien le conventionnel de ces sortes d'expériences. Non seulement nous avons été éblouis par la technique de Monsieur Henri, mais nous avons également accompli en quelques heures un excitant périple dans l'histoire.

La cuisine aux fruits n'est pas une invention des Guérard, Bocuse et autres grandes toques françaises actuelles. En fait, elle fut « créée » en 1533 (un an avant le premier voyage de Jacques Cartier) pour honorer la fille d'un millionnaire italien lors de ses épousailles avec un roi de France. Le richard se nommait Laurent II de Médicis, grand-duc d'Urbino (sa banque, à Florence, prêtait à tous les monarques du temps), et la dame n'était nulle autre que sa fille bien-aimée, Catherine, qui avait posé comme condition capitale au jeune Henri II d'avoir ses propres cuisiniers à la cour de France qui, à cette époque, était assez minable! Or, les cuisiniers florentins maîtrisaient l'art d'associer les fruits au gras des viandes et au suc de divers légumes. Le fruit tenait la vedette puisque en ce temps-là le beurre était encore une rareté. Le «miracle» consistait à harmoniser les arômes, et le sucre naturel du fruit devait se conjuguer admirablement avec certaines saveurs étranges des épices alors la grande nouveauté de l'époque.

Puis la Renaissance, puis les guerres, puis la révolution industrielle, puis le modernisme fit échec à cette cuisine raffinée et, évidemment, trop coûteuse. Voilà qu'on y revient. Toujours aussi coûteuse mais c'est un enchantement sans pareil pour les papilles!

La première assiette est du luxe dans le sens le plus total du mot. Et le mot «soupe» est inapproprié car il s'agit d'un homard complet aux deux melons. C'est copieux et inusité: la chair du crustacé baigne dans un bouillon crémeux où nagent des morceaux de melon. Le melon «miel» et le melon «cantaloup». Le fruit est là pour parfumer le tout. On hésite et pourtant c'est étonnamment bon! Par je ne sais quelle astuce de la nature, la douceur du fruit s'allie sans agressivité aux effluves salés et iodés du «cardinal des mers».

Deuxième assiette, deuxième surprise: le ris de veau aux poires. Là encore, c'est étonnant de finesse gustative. Le ris de veau est un sommet de la fine cuisine et la poire est un fruit-triomphe. Ici, c'est la subtilité de la cuisson qui est tout le secret.

Pas trop, juste suffisamment. Il faut que les deux ingrédients fondent et se fondent dans la bouche.

Le plat de résistance sera des aiguillettes de canard «col-vert» aux bananes! L'étonnement est toujours le même; la satisfaction aussi. C'est réussi. On pourrait croire que le goût sapide des bananes accepte mal la promiscuité de la chair de la volaille aquatique. Or, c'est justement le mariage des oppositions qui rend le mets extrêmement agréable au palais.

Et nous terminerons sur une tartelette (chaude) aux pommes servie avec une glace au miel relevé d'un jet de camomille. Cette plante sert beaucoup dans la préparation du vermouth. Ici, Monsieur Henri l'utilise pour donner plus de «nerf» au miel du Québec qui n'est pas, à son goût, suffisamment sucré.

Le lecteur-gastronome aura compris que de tels plats qui exigent un rare savoir-faire ne sont pas au menu quotidien. Il faut passer commande et allouer 24 heures pour la préparation. Vous ne perdez rien pour attendre, c'est le moins que l'on puisse vous dire.

Les quatre plats commandent la présence du cuisinier du début à la fin de l'opération et il va de soi que tous les ingrédients sont d'une fraîcheur exemplaire. Au «Fadeau» (rendez-vous des authentiques connaisseurs), on considère la cuisine comme un art subtil, raffiné et exigeant. Le succès de la maison est sérieux et stable parce qu'on y joue sur des valeurs sûres.

*La Presse*, le 3 janvier 1981, (extrait).

# Homard aux deux melons

*(pour 4 personnes)*

Au menu depuis 1977, début des expériences d'Henri Wojcik avec les fruits, «ce plat est l'une des grandes réussites du Fadeau. À notre grande surprise, cette idée a fait son petit tour du monde et est réapparue sous différentes formes dans les livres des chefs», affirme le chef.

| | | | |
|---|---|---|---|
| 4 | petits homards de 350 à 400 g (12 à 13 oz) chacun | | le jus du quart d'un citron |
| ½ | cantaloup | ½ | c. à thé de cognac |
| ½ | melon de miel | 2 | c. à soupe de beurre doux ramolli, coupé en huit morceaux |
| 125 mL | (½ tasse) de fumet de poisson (R: p. 86) | | épinards en branche, blanchis |
| 125 mL | (½ tasse) de crème 35% | | sel et poivre blanc |
| 3 | c. à soupe de beurre | | sel de mer |
| 3 | c. à soupe de vin muscat ou de sauternes | | |

Plonger les homards dans de l'eau bouillante salée au sel de mer. Extraire la chair des pinces et de la queue, en la gardant intacte. On obtient de meilleurs résultats en décortiquant le homard cru, mais cette opération est difficile, surtout pour les pinces.

À l'aide d'une cuillère parisienne, découper le cantaloup et le melon de miel en de petites boules.

En utilisant la moitié des 3 c. à soupe de beurre, faire sauter les carapaces sur feu moyen, jusqu'à ce que le beurre soit absorbé. Retirer les carapaces et les réserver.

Ajouter le reste du beurre dans cette poêle et, sur feu doux, faire sauter les queues et les pinces jusqu'à ce qu'elles perdent leur translucidité. Les retirer, couper chaque queue en deux dans le sens de la longueur et réserver le tout.

Dans le beurre qui reste, verser le fumet de poisson, la crème et le vin. Ajouter les carapaces. Faire réduire des trois quarts.

Retirer les carapaces. Assaisonner cette sauce au goût, avec du sel, du poivre et du jus de citron. Hors du feu, ajouter le cognac.

À l'aide d'un fouet, ajouter progressivement les huit morceaux de beurre.

Dans cette sauce, remettre la chair de homard et les boules de melon avec leur jus. Réchauffer le tout sans faire bouillir.

Disposer sur chaque assiette une queue et deux pinces, des boules de melon et des épinards. Napper de sauce.

# Ris de veau aux poires

*(pour 4 personnes)*

Ce plat fut l'un des premiers essais d'Henri Wojcik dans les mariages de fruits et de viande (vers le milieu des années 70). Le chef s'attira des remarques choquantes et on l'accusa de grossière exagération, jusqu'à ce que Roger Champoux découvre le plat lors d'un repas gastronomique et en fasse la louange dans un article (voir cet article en page 65).

| | | | |
|---|---|---|---|
| 1 kg | (2 lb) de noix de ris de veau | 6 | c. à soupe de beurre clarifié |
| 4 | belles poires Bosc ou William, pas trop mûres | 75 mL | (⅓ tasse) de crème 35% |
| 4 | poires mûres, hachées | 1 | grande feuille de laurier |
| 1 L | (4 tasses) de bouillon mixte (R: p. 87) | ¼ | c. à thé de thym séché |
| | | 6 | c. à soupe de farine |
| 50 mL | (¼ tasse) de fond blanc de pieds de bovin (R: p. 84) | 2 | c. à soupe de beurre, coupé en morceaux |
| 2 | c. à soupe d'eau-de-vie de poire | | épinards au beurre ou courgettes sautées, pour la garniture |
| | le jus de la moitié d'un citron | | sel et poivre blanc |

Préparer les ris de veau selon la méthode traditionnelle, qui consiste à les faire dégorger, les blanchir, enlever la membrane extérieure et les essorer.

Dans une casserole, mettre les ris de veau, le bouillon mixte, la feuille de laurier, le thym et le fond blanc de pieds de bovin. Porter à ébullition et laisser mijoter 20 minutes.

Enlever les ris de veau et les réserver au chaud.

Faire réduire le fond de cuisson des trois quarts. Saler et poivrer. Passer au tamis et laisser refroidir, puis dégraisser (ce fond doit être très gélatineux et avoir un goût prononcé de ris de veau).

Pendant ce temps, peler et évider les 4 poires et les couper en deux. Dans une poêle, avec la moitié du beurre clarifié, les faire sauter en remuant fréquemment. Vérifier la cuisson à l'aide d'un cure-dents. Les retirer lorsqu'elles sont tendres et légèrement caramélisées.

Dans ce beurre de cuisson, ajouter les poires hachées et bien les faire caraméliser.

Ajouter le fond de cuisson des ris de veau et la crème 35%. Laisser réduire de moitié.

Passer cette sauce au tamis. Ajouter l'eau-de-vie de poire et quelques gouttes de jus de citron. À l'aide d'un fouet, incorporer les morceaux de beurre.

Couper les ris de veau de biais, en tranches d'environ 2 cm (¾ po) d'épaisseur. Les enfariner et les secouer. Faire sauter rapidement ces tranches dans le reste du beurre clarifié. Les saler et les poivrer légèrement.

Réchauffer les poires caramélisées et pratiquer des incisions en parallèle sur chaque moitié.

Pour dresser l'assiette, verser quelques cuillerées de sauce dans le fond. Disposer les escalopes de ris de veau et les poires caramélisées en éventail. Garnir avec des épinards au beurre ou des courgettes sautées.

# Une technique chinoise secrète, tout simplement merveilleuse

«Le cuisinier est un homme intuitif. Il doit doser les ingrédients, savoir à quel moment précis les incorporer. Les résultats peuvent varier à l'infini. La cuisine, ce n'est pas que des recettes, c'est aussi une technique», confiait en 1985 Henri Wojcik au *Journal* de l'Ordre des comptables, sa première alma mater. Ainsi, celle qu'il explore avec passion dans la période suivante, c'est un mode de trempage chinois — pour les volailles à chair blanche (mais pas toutes), les poissons et les fruits de mer —, découvert dans un vieux livre déniché à Paris lors de ses tournées gourmandes et d'analyse, qu'il fait d'ailleurs depuis trois décennies pour parfaire son éducation de gastronome. Il nous explique cette technique, mais il ne nous dira pas tout... cela serait trop facile!

Le principe du trempage est basé sur les interactions de l'eau, du sel et de la chair. Une comparaison éclaircira (peut-être!) le tout:

- Une viande salée avant d'être cuite perd son sang ;
- Un être humain qui absorbe trop de sel souffre de rétention d'eau ;
- Certaines chairs, par exemple les pétoncles, réagissent au sel et à l'eau comme un être vivant. Autrement dit, il faut les faire tremper dans de l'eau salée pour qu'elles retiennent leurs sucs.

Le trempage chinois consiste donc à faire mariner le pétoncle dans de l'eau très précisément salée pendant deux heures au plus. Le sel fait que le pétoncle absorbe l'eau et la retient. Cette eau absorbe à son tour les sucs du pétoncle. Quand on saisit très rapidement ce pétoncle gonflé, la cuisson en surface est rapide, mais l'intérieur reste moelleux.

Ce trempage rend plus efficace la deuxième étape, qui est celle de l'infusion (voir plus d'explications en page 73) : le pétoncle, une fois cuit à la poêle, est déposé dans une sauce, où il infusera ; l'eau aromatisée qu'il contient se jettera dans la sauce et la parfumera.

Très intéressant, se dira-t-on, mais quelle quantité d'eau, quelle quantité de sel et quel temps de trempage faut-il pour chaque type de chair ? « Le livre ne l'indiquait pas ! dit le chef. Le résultat donne une qualité supérieure à la normale. » À chacun, donc, de faire ses essais bien que, généreux, il ait bien voulu laisser des indications précises dans quelques-unes de ses recettes (R: p. 72). Le temps de trempage est capital. S'il est trop long, le pétoncle absorbera trop de sel et, à ce moment-là, il « recrachera » son eau et durcira, ce qui handicapera tout le reste du processus.

Seuls quelques privilégiés ayant commandé un repas gastronomique ont pu apprécier le résultat de cette technique, les envies des dîneurs de passage étant imprévisibles, donc incompatibles avec la planification de son exécution et incompatibles, aussi, avec la rentabilité. « Si le produit ne se vendait pas le soir même, cela causait des problèmes d'administration », explique M. Wojcik. En effet, si le chef est un artiste, c'est aussi un comptable !

# Cailles au thé

*(pour 4 personnes)*

Ce plat s'accordera très bien avec le gratin de courgettes (R: p. 114). La sauce au thé rehausse le goût naturel des cailles et laisse percer leur goût fin.

| | | | |
|---|---|---|---|
| 8 | cailles | 4 | c. à soupe de beurre clarifié |
| 5 | c. à thé d'infusion forte de thé Darjeeling, légèrement sucrée | 1 L | (4 tasses) d'eau glacée |
| | | 1 | c. à thé de sel |
| 75 mL | (⅓ tasse) de fond* blanc de pieds de bovin (R: p. 84) | 2 | c. à soupe de beurre frais, coupé en petits morceaux |
| 8 | petites noix de chair de pieds de bovin** | | le quart du jus d'un citron |
| | | | sel et poivre |

Saler l'eau glacée et y mettre les cailles. Les laisser tremper pendant 2 heures dans le réfrigérateur (ceci est une illustration de la technique décrite en page 70).

Retirer les cailles et les assécher soigneusement. Saler et poivrer l'intérieur. Insérer dans chaque oiseau une petite noix de chair de pieds de bovin.

Dans une poêle à fond épais, chauffer le beurre clarifié. Y faire sauter rapidement les cailles en les retournant souvent pour les colorer.

Mettre la poêle dans un four chaud pendant 5 ou 6 minutes, jusqu'à ce que les cailles soient tendres. Les retirer et les réserver au chaud.

Jeter le beurre de cuisson et verser l'infusion de thé et le fond blanc dans la poêle. Faire réduire rapidement le mélange, jusqu'à ce qu'une pellicule se forme sur la cuillère.

---

\* Si le fond est froid ou congelé (donc gélatineux), utiliser 75 g (2½ oz).

\*\* La chair de pieds de bovin est déjà cuite. Elle a servi à la préparation du fond blanc de pieds de bovin.

Hors du feu, incorporer lentement, à l'aide d'un fouet, le beurre en morceaux. Ajouter le jus de citron. Saler et poivrer au goût.

Pour servir, déposer deux cailles sur chaque assiette et les napper de sauce.

# L'infusion: le passé redécouvert

L'infusion est une technique conforme à celle du trempage. Henri Wojcik ne l'a pas inventée mais redécouverte en compulsant les recettes de certains chefs d'autrefois. «Ils l'utilisaient inconsciemment, elle ne semble pas avoir été systématisée. C'est plutôt une intuition basée sur l'expérience», pense-t-il.

Quelle est-elle? Le chef ne l'emploie qu'avec les pétoncles, le homard ou les langoustines, mais il emprunte encore aux viandes pour la faire comprendre: le rôti une fois cuit, on préconisait autrefois de le réserver au chaud pour qu'il se détende et, se détendant, il perdait un peu de son sang. Les langoustines (R: p. 74), par exemple, réagissent de la même façon sauf que, après les avoir fait sauter, on les fait infuser une dizaine de minutes dans une sauce. La température de cette sauce doit être identique à celle des langoustines, sinon ces dernières continueront à cuire, et l'infusion doit bien sûr se dérouler en dehors du feu. Les langoustines, qui s'étaient contractées durant leur cuisson, se détendent dans la sauce et y relâchent leurs sucs, ce qui rehausse le parfum de la sauce. Les dix minutes d'infusion étant écoulées, on réchauffe doucement les deux ingrédients avant de les servir.

On s'étonnera, sans doute : comment peut-on prôner ce procédé à une époque où l'on exalte la cuisson à la minute ? C'est un problème auquel le chef s'est heurté. Depuis les tout débuts, il s'est en effet comporté en compositeur et chef d'orchestre, et une multitude de cuisiniers ont défilé sous ses ordres, certains pas toujours réceptifs à la nouveauté et, surtout, intoxiqués par le culte de la « minute ». « Je leur disais : ''Le plat ne pourra que profiter de cela...'' Ils ne pouvaient pas l'admettre », se souvient le chef.

# Gratin de langoustines au rappini

*(pour 4 ou 5 personnes)*

Le rappini fait partie de la famille des choux. Ses feuilles cuites évoquent le goût des épinards (par lesquels on peut le remplacer s'il n'est pas disponible), mais elles ont plus d'agressivité, une opposition à la texture douce des langoustines que le chef aime bien.

L'histoire de cette recette est amusante, parce qu'elle fut la première que réalisa Henri Wojcik. Durant l'automne 1955, M. Wojcik s'arrête pour dîner en compagnie d'un ami au restaurant La Pyramide, à Vienne, en France, dont le chef, Fernand Point, vient de mourir. Le maître d'hôtel lui suggère d'essayer le gratin de langoustines, que réalise Paul Mercier, chef des cuisines depuis très longtemps. Henri Wojcik trouve ce plat extraordinaire, félicite Paul Mercier et l'invite à sa table. Ils sympathisent, et Mercier lui donne sa recette, bien qu'à cette époque Henri Wojcik ne sache pas du tout la faire. De retour à Montréal, il l'essaie et c'est une réussite. « Ce fut un déclencheur, car je me suis dit que si je pouvais préparer un grand plat, je pouvais entrer en cuisine », se souvient Henri Wojcik. Au cours des années qui suivent, il la réalise souvent, pour lui et ses amis, en changeant quelques éléments et en utilisant du rappini, que personne ne connaissait. Vingt-cinq ans plus tard, il découvre que Bocuse réalise cette recette, d'après Fernand Point. «Ce n'était pas du tout la recette que Mercier m'avait donnée mais la recette classique. Je l'ai faite, aussi, mais j'ai préféré l'autre. Mercier est mort soudainement, en 1957, à mon grand chagrin. S'était-il permis de faire sa propre recette à la mort de Point? Je n'ai jamais su laquelle des deux était la vraie!» se rappelle M. Wojcik.

| | | | | |
|---|---|---|---|---|
| 1 kg | (2 lb) de langoustines moyennes ou petites | | 2 L | (8 tasses) d'eau salée |
| 250 mL | (1 tasse) de crème 35% | | ⅛ | c. à thé de sucre |
| 4 | c. à thé de cognac | | | truffes émincées, pour la décoration (facultatif) |
| 2 | c. à soupe de beurre | | | sel et poivre blanc |
| 500 g | (environ 1 lb) de rappini équeuté | | | |

Décortiquer les langoustines et enlever le tube digestif.

Faire fondre les trois quarts du beurre et y faire sauter rapidement les queues de langoustines, jusqu'à ce qu'elles perdent leur translucidité (cette opération demande 2 ou 3 minutes). Retirer les langoustines de la poêle et les réserver.

Ajouter la crème au beurre de cuisson. Faire réduire de moitié. La crème doit napper le dos d'une cuillère, mais elle ne doit pas être collante sur la langue. Saler et poivrer au goût. Ajouter le cognac.

Remettre les langoustines et le jus qu'elles ont rejeté dans la sauce et laisser infuser une dizaine de minutes hors du feu.

Faire bouillir l'eau salée. Y faire blanchir le rappini pendant 1 ou 2 minutes. L'égoutter et le faire revenir dans le reste du beurre. Saupoudrer de sucre, de sel et de poivre. Bien mélanger et garder au chaud.

Pour dresser l'assiette, disposer le rappini en un cercle non fermé. Au centre, déposer les langoustines et les napper de sauce sans excès. Pour faire une jolie mais coûteuse décoration, disposer des truffes émincées dans l'ouverture du cercle.

# Le gingembre
# à dose homéopathique:
# un autre grand secret

Henri Wojcik n'est pas chimiste par hasard. Il possède l'intuition des sorcières, le génie du chaudron magique. Honneur remarquable, il dévoile ici, pour la première fois, une découverte qu'il a faite au tout début de sa carrière: le gingembre, utilisé en quantités infinitésimales, rehausse la saveur d'un aliment, sans qu'on perçoive le goût du condiment... une réaction chimique. Depuis, il saupoudre de gingembre pratiquement tous ses plats. «J'ai communiqué cette idée à l'un des grands chefs français contemporains. Chaque fois que je le vois, il me dit: "Mais c'est formidable, votre idée! Ne le dites à personne!"»

«C'est fantastique!» diront les cuisiniers amateurs. Mais, quelle quantité de gingembre? «Cela dépend de la grosseur du poisson, par exemple. Pour chaque produit, il faut déterminer la dose maximale possible, au-delà de laquelle le goût du gingembre percera. En expérimentant, j'ai constaté qu'avec tel ou tel aliment je pouvais aller jusque-là, ou plus loin...», explique le chef. On n'en saura pas plus!

Le principe n'est pas le même dans la crème de rutabaga au gingembre et sa julienne (R: p. 77), mais le gingembre récupère son rôle d'éminence grise avec les pétoncles aux feuilles de radis (R: p. 78), où l'on peut substituer le chou amer chinois pak-choï aux radis. La cuisine chinoise occupe en effet une place spéciale dans le coeur du chef depuis longtemps. Dans le *Where to eat in America*[20] de 1969, on lit que ces pétoncles sont *«a rare treat»* et que Le Fadeau est le restaurant où l'on doit s'attabler si l'on n'a le temps que pour un seul repas à Montréal.

# Crème de rutabaga au gingembre et sa julienne

*(pour 8 ou 10 personnes)*

Cette recette est une création de l'ex-chef des cuisines du Fadeau, Jean-Michel Baudenon. «Au retour d'un voyage en Europe, quelle agréable surprise de goûter cette soupe! J'ai félicité mon chef, mais... pas trop!» plaisante Henri Wojcik.

| | | | |
|---|---|---|---|
| 350 g | (12 oz) de rutabagas | 50 g | (1⅔ oz) de pelures de courgettes (environ 3 grosses courgettes) |
| 2 | oignons moyens | | |
| 75 g | (2½ oz) de gingembre | 25 g | (1 oz) de champignons chinois noirs |
| 2 | c. à soupe de beurre | | |
| 1¼ L | (5 tasses) de bouillon mixte (R: p. 87) | 1 | poire ferme |
| 500 mL | (2 tasses) de crème 35% | | sel et poivre |
| 2 | c. à thé de persil haché | | |

Peler et découper grossièrement les rutabagas et les oignons. Peler et couper le gingembre.

Dans le beurre fondu, faire sauter doucement les oignons, les rutabagas et le gingembre, jusqu'à ce qu'ils soient légèrement translucides.

Mouiller avec le bouillon mixte et porter à ébullition. Assaisonner légèrement et laisser cuire à feu doux pendant 45 minutes.

Passer au mélangeur électrique et tamiser. Réchauffer, rectifier l'assaisonnement et ajouter la crème. Réserver au chaud.

Peler la poire. Couper sa chair, ainsi que les pelures de courgette, en une fine julienne.

Faire gonfler les champignons chinois dans de l'eau tiède, puis les égoutter et les couper finement.

Mélanger les trois juliennes et les assécher entre deux papiers absorbants.

Déposer le mélange de juliennes au fond des assiettes à soupe et verser par-dessus la crème, très chaude, de rutabaga et de gingembre. Saupoudrer de persil haché.

Servir.

---

# Pétoncles aux feuilles de radis

*(pour 4 personnes)*

Cette recette date des premiers pas d'Henri Wojcik en nouvelle cuisine. À l'origine, le chou amer chinois pak-choï accompagnait les pétoncles. Plus tard, le chef découvrait un classique de la cuisine française, le potage aux feuilles de radis, et constatait que le goût des feuilles de radis sautées au beurre s'apparentait à celui du chou amer. «Il était amusant de renouer avec une cuisine française oubliée», dit le chef.

| | | | |
|---|---|---|---|
| 700 g | (1½ lb) de gros pétoncles frais d'égale grosseur | 150 mL | (⅔ tasse) de crème 35% |
| | les feuilles de 4 bottes de jeunes radis | ¼ | c. à thé de jus de gingembre pressé |
| 10 | radis roses | 1,5 L | (6 tasses) d'eau salée |
| 3 | c. à soupe de beurre | 1 | grosse pincée de sucre |
| 100 mL | (¾ tasse + 5 c. à thé) de fumet de poisson (R: p. 86) | ½ | c. à thé de jus de citron |
| | | | environ ½ c. à thé de cognac |
| | | | sel et poivre |

Dans une petite casserole, faire réduire de moitié le fumet de poisson. Ajouter la crème et faire de nouveau réduire de moitié. Réserver.

Dans une sauteuse anti-adhésive, faire fondre sur feu moyen 1 c. à thé de beurre. Hors du feu, déposer les pétoncles dans la sauteuse, sur leur côté plat.

Faire cuire pendant 1 minute tout en les retournant. Ils doivent être colorés légèrement de chaque côté. Il va sans dire que leur temps de cuisson varie selon leur épaisseur. Donc, répéter l'opération si cela est nécessaire.

Retirer les pétoncles de la sauteuse et les réserver au chaud. Déglacer le jus de cuisson avec le jus de citron. Ajouter la réduction du mélange crème-fumet de poisson. Faire réduire si nécessaire, afin que la sauce nappe le dos d'une cuillère. Saler et poivrer. Réserver au chaud.

Équeuter soigneusement les feuilles de radis et les blanchir 3 minutes dans de l'eau bouillante salée. Les essorer et les arroser avec le jus de gingembre. Sucrer, saler et poivrer. Bien mélanger.

À l'aide d'un économe (couteau-éplucheur), éplucher les radis. Plonger les épluchures pendant 2 ou 3 minutes dans de l'eau bouillante salée. Les tailler ensuite en une fine julienne.

Réchauffer la sauce. À l'aide d'un fouet, y dissoudre le reste du beurre. Ajouter le cognac.

Pour dresser l'assiette, disposer les feuilles de radis en deux rangées parallèles. Verser un peu de sauce au centre de l'assiette. Y déposer les pétoncles et les couvrir de la julienne de radis. Arroser de quelques gouttes de sauce.

«Le plus bon vermouilleux souvenir de Sol, et merci
amicalement pour la sublime très estradinaire
restauration.»
Sol
1981

# Le fond blanc de pieds de bovin : un apport à la cuisine dont le chef est plutôt fier

«Il n'y a pas de cuisine française sans sauce et c'est même certainement la sauce qui fait la cuisine», a dit Jean Delaveyne[21]. Et ce qui faisait la sauce, autrefois, c'étaient les fonds. Depuis que les chefs nouvelle cuisine les ont vilipendés, ils ont carrément changé de visage, sinon disparu du paysage de certains. On parle maintenant de sauces courtes, fumets, bouillons, infusions, jus, etc. Et s'ils survivent, ces fonds, ce n'est plus sous leur forme antique. Henri Wojcik s'est lui aussi interrogé : «L'inconnue était la suivante : comment trouver un fond qui serait bon, gustativement et sur le plan des formes, c'est-à-dire luisant et en même temps léger. Il ne devait pas être trop puissant, de façon à ne pas concurrencer les éléments parfumants...»

Dans quelle direction chercher, comment s'éloigner des fonds classiques? Une question à cent mille dollars... Le chef récapitule son raisonnement : «Le fond brun est le plus utilisé. Son goût d'os brûlés est très puissant. Le fond gustatif des sauces faites avec ce fond brun est donc toujours le même : même après le déglaçage de la sauce, l'ajout du fond, la réduction et l'addition d'éléments colorants et gustatifs comme le poivre vert ou la crème. Le fond blanc de volaille présentait le même inconvénient : à la fin de cette très longue concentration, le goût de la volaille était tellement puissant qu'il me gênait. Si je voulais parfumer très délicatement une sauce, disons la teinter d'un goût de truffes, c'était impossible parce qu'il aurait fallu un kilo de truffes. Le fond devait donc être très léger, sinon neutre.»

Pour ne pas que les goûts se concurrencent, la transmutation de la sauce est quasiment une condition sine qua non. Alors, un lointain souvenir d'enfance remonte à la mémoire du chef, soit la gelée de pieds de veau, que les Russes mangent en aspic. Que se passerait-il avec cette immense quantité de gélatine, se demande-t-il, puisque le pied de veau est naturellement très gélatineux? Il ne semble pas nécessaire de trop concentrer ce fond pour obtenir la même densité, donc il suffirait d'arrêter la cuisson avant que le liquide soit trop parfumé par le pied de veau. Il serait presque neutre, et on pourrait le parfumer avec tous les éléments imaginables... Il essaie, et le résultat est exactement celui auquel il s'attendait.

«Ce fond blanc de pieds de bovin [R: p. 84] est l'une des choses dont je suis le plus fier pour ce qui est de mon apport à la cuisine, dit-il. C'est même, plutôt, le résultat d'une expérience que d'un héritage.» Il utilise ce fond dans la plupart des sauces qu'il réalise pour les viandes, et on le retracera dans les cailles au thé (R: p. 72) et dans les ris de veau aux poires (R: p. 68). Quant aux fond de canard (R: p. 85), fumet de poisson (R: p. 86) et bouillon mixte (R: p. 87), les recettes en sont classiques.

# Qu'est-ce qu'un fond?

Un fond, c'est tout simplement un bouillon, maigre ou gras, à base de veau, de boeuf, de volaille ou de gibier, de légumes et d'aromates, ou de poisson (on appelle ces fonds des fumets).

● Les ingrédients du *fond blanc* sont déposés directement dans le liquide de cuisson. Ce sont des viandes ou des volailles blanches, des carcasses de volaille et des légumes. Le fond blanc sert à préparer les sauces blanches, que l'on sert avec les blanquettes, les fricassées et les volailles pochées.

● Les ingrédients du *fond brun* sont d'abord colorés. Ce sont du boeuf, du veau, de la volaille (os et viande) et des légumes. Le fond brun sert à préparer les sauces brunes, qui sont servies avec les viandes sautées.

● Le *fond maigre* est le troisième grand fond. Pour le préparer, on fait sauter au beurre des légumes et des aromates, avant de les faire cuire à l'eau.

On ne sale jamais les fonds avant d'avoir réalisé la sauce. Les fonds sont indispensables à la cuisine classique. Ils ne se conservent pas très longtemps, ce qui a occasionné certains abus. Escoffier, les trouvant peu gastronomiques, les avait condamnés, comme le firent les chefs nouvelle cuisine.

# Fond blanc de pieds de bovin

*(pour environ 1 L [4 tasses] de fond\* blanc, et au moins 300 g [1¼ tasse] de chair de pieds de bovin)*

| | | | |
|---|---|---|---|
| 2 | petits pieds de bovin, tronçonnés en 8 morceaux chacun | 1 | c. à soupe de gros sel |
| 3 | grosses carottes | 1 | bouquet garni composé de : |
| 3 | oignons | 1 | c. à soupe de thym |
| 5 | gousses d'ail entières | 1 | c. à soupe d'estragon |
| 2 | branches de céleri | 5 | feuilles de laurier |
| 1 | paquet de queues de persil le vert de 3 poireaux | ½ | c. à thé de poivre en grains |

Mettre les pieds de bovin dans une casserole et les recouvrir d'eau. Faire bouillir 2 ou 3 minutes. Jeter l'eau et rincer les pieds à l'eau courante.

Peler les oignons et les carottes. Inciser les oignons en croix et les carottes dans le sens de la longueur. Préparer le bouquet garni.

Remettre les pieds dans la casserole, avec tous les autres ingrédients de la recette. Mouiller largement au-dessus du niveau, avec environ 4 L (16 tasses) d'eau. Amener à ébullition. Si cela est nécessaire, ajouter de l'eau pour garder les pieds immergés.

Réduire la température afin d'obtenir une cuisson à petits bouillons. Écumer souvent. On peut enlever les légumes lorsqu'ils commencent à se décomposer, pour ne pas troubler le bouillon. Compter 3 ou 4 heures de cuisson.

Lorsque les pieds sont tendres à la fourchette, la cuisson est terminée. Passer le fond au tamis et le dégraisser.

---

\*   Si le fond est froid ou congelé (donc gélatineux), utiliser 1 kg (2 lb).

On peut congeler cette recette. Procéder de la façon suivante :

Laisser refroidir le fond, qui prendra une consistance très gélatineuse, et le découper en portions de 250 g (8 oz) chacune. Les envelopper soigneusement dans de la cellophane et les congeler.

Récupérer et désosser les pieds de bovin. Hacher la chair et la diviser en portions de 120 g (4 oz) chacune. Envelopper dans de la cellophane et congeler.

# Fond de canard corsé

*(pour environ 750 mL [3 tasses])*

| | | | |
|---|---|---|---|
| 3 | carcasses de canards, grossiè-rement découpées | 250 g | (environ 8 oz) d'oignons coupés en deux |
| 4 L | (16 tasses) d'eau | 2 | c. à thé de thym |
| 4 | c. à soupe de beurre | 3 | feuilles de laurier |
| 1 | branche de céleri, coupée en morceaux | 10 | grains de genièvre |
| 200 g | (6½ oz) de carottes, coupées grossièrement | | sel et poivre |

Faire fondre le beurre dans une grande casserole et y faire colorer les carcasses.

Ajouter l'eau. Amener à ébullition et écumer.

Ajouter les autres ingrédients. Laisser frémir pendant 3 heures, en écumant souvent.

Passer au tamis. Remettre ce fond sur le feu et laisser réduire des deux tiers.

Passer de nouveau au tamis. Réfrigérer quelques heures et dégraisser.

# Fumet de poisson

*(pour environ 500 mL [2 tasses])*

| | | | | |
|---|---|---|---|---|
| 1 kg | (2 lb) d'arêtes de poisson blanc (sole, flétan, plie, merlan ou morue) | | 5 | branches de persil |
| 500 mL | (2 tasses) d'eau | | 12 | grains de poivre, écrasés |
| 750 mL | (3 tasses) de vin blanc sec | | ½ | c. à thé de thym séché |
| 1 | branche de céleri, hachée | | 1 | feuille de laurier |
| 2 | oignons moyens, hachés | | 4 | c. à soupe de beurre clarifié |
| 3 | gousses d'ail, écrasées | | 100 g | (3⅓ oz) de champignons de Paris, émincés |

Faire dégorger les arêtes de poisson dans de l'eau froide, afin d'en éliminer les traces sanguinolentes.

Dans une grande casserole, mettre le beurre, le céleri, l'oignon, l'ail, le persil, le poivre, le thym et le laurier. Faire suer 4 ou 5 minutes.

Ajouter les arêtes, le vin et l'eau. Porter à ébullition.

Réduire la température et laisser mijoter 20 ou 30 minutes.

Passer ensuite au tamis, et remettre le liquide dans la casserole. Ajouter les champignons. Laisser mijoter pendant 10 ou 15 minutes. Tamiser et dégraisser.

# Bouillon mixte

*(pour environ 1 L [4 tasses])*

Si l'on désire obtenir un fond blanc mixte, on fait réduire ce bouillon mixte de moitié.

| | | | |
|---|---|---|---|
| 1,5 kg | (3 lb) de retailles maigres de boeuf, de veau et de volaille, ou 2 kg (4 lb) s'il y a des os | 400 g | (13⅓ oz) d'oignons |
| 200 g | (6 ⅔ oz) de poireaux | 3 | feuilles de laurier *ou* quelques branches de thym |
| 100 g | (3 ⅓ oz) de céleri | 1 | c. à thé de sel |
| | | 4 L | (16 tasses) d'eau |

Déposer les parures de viande dans une grande casserole et les couvrir d'eau.

Faire bouillir quelques minutes et écumer.

Ajouter tous les autres ingrédients. Laisser frémir pendant 2 ou 3 heures, en écumant souvent.

Passer au tamis, laisser refroidir et dégraisser.

*A Monsieur Henri*

*Si l'art cuisinier peut ce comparer à la sculpture,*
*le vôtre, cher maître, vaut celui de notre*
*célèbre compatriote dont la signature inaugure*
*ce livre d'honneur. Nous saluons ainsi le*
*Henry Moore de la haute cuisine.*

*Derek Day British High Commissioner.*

«Si l'art cuisinier peut se comparer à la sculpture, le
vôtre, cher maître, vaut celui de notre célèbre
compatriote dont la signature inaugure ce livre
d'honneur. Nous saluons ainsi le Henry Moore de la
cuisine.»
M. Day, British High Commissioner
1984

Tomates, escargots et roquefort (R : p. 109)

*Langoustines au rutabaga, au miel et au gingembre (R: p. 112)*

*Entrecôte double enrichie à la moelle, sauce aux cèpes (R: p. 121)*

*Gratin de pommes au sabayon à l'orange (R : p. 127),
et poires rôties au beurre (R : p. 108)*

*Dessert d'un autre temps (R : p. 129)*

# Des sauces brunes pour les poissons? *Shocking!*

En 1987, rien de nouveau sous le soleil, Georges Blanc[22] et Marc Meneau[23] les ont popularisées. Mais, en 1977, Henri Wojcik se pose les questions suivantes: est-ce possible? est-ce acceptable? cela va-t-il plaire? Rien n'est moins sûr... Il fignole un Stroganov[24] de lotte. Ses cuisiniers rigolent; son adjoint de l'époque, Henri Varaud[25], informe la confrérie que «Monsieur Henri est tombé sur la tête». Proposé le midi, ce plat est reçu tièdement... sinon froidement. Vade retro, Satana! L'innovation est prématurée, le chef n'insiste pas. Et pourtant, c'était un grand pas. «J'ai été le premier à risquer cette combinaison qui n'avait jamais été imaginée en cuisine ancienne pour autant que je sache, et je suis étonné de la voir reprise dix ans après. Les gens disent: ''Quelle idée de génie!'' Pour moi, elle ne présente plus grand intérêt», dit-il. Un cycle de recherche dépassé.

Comment cette idée d'utiliser les sauces brunes et les jus de veau avec les poissons et les fruits de mer a-t-elle surgi dans son esprit? Les fumets[26] sont théoriquement conçus pour les poissons, et les fonds, pour les viandes et volailles! «J'ai tout simplement constaté que le goût de certains poissons était tout à fait imprécis. Par exemple, on pourrait prendre l'espadon cuit pour du veau.»

Les sauces brunes ne cohabitent pas bien avec tous les poissons. Le chef leur assortit des poissons fermes au goût de poisson ténu, qui ne sont pas trop gras une fois cuits, comme le thon, l'espadon ou la roussette, et, de temps en temps, des poissons blancs fermes à la saveur plus prononcée, comme le flétan ou la barbue. Par contre, le maquereau ou la sardine, des poissons gras, sont catégoriquement repoussés puisque leur fumet, trop puissant, contrarie celui du jus de veau.

# Losanges d'espadon au jus de veau et au poivre vert

*(pour 4 personnes)*

Ce plat a été créé vers la fin des années 70, au moment où Henri Wojcik eut l'idée d'utiliser des sauces brunes avec les poissons.

| | | | | |
|---|---|---|---|---|
| 1 kg | (2 lb) d'espadon en tranches de 1,5 cm à 2 cm (½ po à ¾ po) d'épaisseur | | ½ | poivron rouge, blanchi et découpé en lanières très fines |
| 200 mL | (¾ tasse + 5 c. à thé) de fond brun de veau (R: p. 45) | | 1 | bouquet de cresson |
| 2 | c. à thé de poivre vert sans jus | | | des tomates modelées en rose |
| 1 | c. à thé de cognac | | | un peu de farine |
| 4 | c. à soupe de beurre | | | sel |

Découper les tranches d'espadon en 16 losanges d'environ 6 cm (2,5 po) de côté. Enfariner ces losanges très légèrement et les secouer.

Dans une petite casserole, mettre à bouillir le fond de veau et l'écumer soigneusement, puis réduire le feu et ajouter le poivre vert pour qu'il infuse. Retirer la casserole du feu.

Sur feu moyen, faire sauter, avec la moitié du beurre, les losanges d'espadon, en les gardant rosés à l'intérieur. Saler et réserver au chaud.

Remettre le fond de veau sur le feu. Amener à ébullition et, hors du feu, incorporer le reste du beurre en fouettant énergiquement. Ajouter le cognac.

Pour servir, napper de sauce le fond de chaque assiette. Disposer 4 losanges de façon à former une croix, tout en laissant un espace au centre. Quadriller chaque losange de lanières de poivron. Déposer les grains de poivre vert sur les losanges et autour. Déposer un bouquet de cresson et des tomates en rose au centre de l'assiette.

*à Monsieur Henri*

*La renommée — déjà grande — m'attire chez vous !*
*J'y ai trouvé plus que la renommée...*
*Un goût raffiné*
*Une cuisine exquise, nouvelle, surprenante ! —*
*Une cave — aussi riche que les plus riches de France...*
*Et un service délicat, humain*
*et qui invite à revenir*
*parce que digne du Grand Siècle*

*Camille Laurin M.D.*

*Marie Pascale Laurin*

«La renommée — déjà grande — m'attire chez
vous! J'y ai trouvé plus que la renommée... Un goût
raffiné. Une cuisine exquise, nouvelle, surprenante!
Une cave aussi riche que les plus riches de France... Et
un service délicat, humain et qui invite à revenir
parce que digne du Grand Siècle.»
Dr Camille Laurin
1984

# L'apprivoisement
# des champignons sauvages :
# l'art de la nuance

«Je me révolte [...] contre le champignon de couche, créature insipide, née de l'ombre, couvée par l'humidité. J'en ai assez qu'il baigne, haché, dans des sauces qu'il allonge ; je lui interdis de prendre le pas sur la girolle, j'exige qu'il ne contracte plus mariage avec la truffe, et je le consigne [...] à la porte de ma cuisine[27] !» écrivit Colette. Morilles, cèpes ou girolles, autant de parfums, autant de saveurs, autant de textures. Les distinguer et les apparier aux chairs, c'est un art du nez et de la bouche pour la maîtrise duquel Henri Wojcik réclame quelque reconnaissance. Il harmonise viscosité du doré et souplesse du champignon chinois, fondant de la volaille et vigueur des morilles, tissure de la moelle et tendreté des cèpes. «Le souci de la texture est la phase supérieure de la cuisine des maîtres, estime-t-il. J'y insiste beaucoup dans ma cuisine.» Les champignons chinois, bien que peu aromatiques, fermes et noirs, se tranchent fort bien en filaments et étayent une julienne composée à partir d'épluchures, fines et délicates, d'autres légumes. Les champignons chinois apportent leur couleur et leur corps (R : p. 94).

Curieusement, pour ses sauces, il préfère les champignons sauvages déshydratés. Primo, par nécessité, leur passage sur les étals étant «courtissime». Secundo, parce qu'il a su retourner la situation à son avantage, c'est-à-dire qu'il emploie l'eau de réhydratation, filtrée, dans ses sauces. Tertio, parce que leur arôme est, l'aurait-on cru ?, beaucoup plus puissant... plus difficile, encore, à fiancer aux chairs et aux alcools. Ainsi, les morilles font bon ménage avec le xérès, le scotch et le fond brun de veau (pour le flan de foies blonds de volaille, voir R : p. 43) ; les cèpes courtisent avec bonheur le porto, le cognac et le fond blanc (pour l'entrecôte double enrichie à la moelle, voir R : p. 121).

Le chef ne couple pas — surtout pas! — les champignons. «C'est comme pour les vins, dit-il, on ne mélange pas un bordeaux et un bourgogne; chacun doit garder son identité le plus possible. Ma cuisine est simple et puriste, et je préfère que tel ou tel ingrédient fasse valoir son parfum naturel, s'il existe.» Certains couplages lui déplaisent, notamment celui, nouveau, qui fait cohabiter champignons sauvages et fruits de mer. Selon lui, l'arôme délicat des seconds est enterré par l'arôme, triomphant, des premiers. Même refus pour le gibier qui, s'il n'est pas d'élevage, trouvera le chemin de nos narines et de nos papilles en soufflant tout sur son passage. Feu vert, par contre, pour les viandes blanches et rouges, «dont on n'attend à peu près rien sur le plan aromatique», statue-t-il.

# Minute de doré au soja et aux champignons chinois

*(pour 4 personnes)*

Ce plat est le prototype même de la cuisine postnouvelle que pratique Henri Wojcik (et qu'il a baptisée ainsi): modestie et quantité minimale des ingrédients (on ne peut rien soustraire), facilité et rapidité d'exécution, simplicité de la présentation. La petitesse des portions fait que c'est un plat prédestiné à être servi dans un menu-dégustation.

| | | | |
|---|---|---|---|
| 1 | doré de 1 kg (2 lb) | | le quart d'un poivron rouge doux |
| 125 mL | (½ tasse) de fumet de poisson (R: p. 86) | 2 | courgettes |
| ½ | c. à thé de sauce soja | | quelques gouttes de jus de citron |
| | quelques champignons chinois, noirs et plats | | |
| 4 | c. à soupe de beurre, coupé en morceaux | | sel et poivre |

Laver les filets de doré et, avec une pince à épiler, retirer délicatement les arêtes.

Découper les filets, en biais, en de fines tranches. Les aplatir entre deux feuilles de cellophane, à l'aide d'une batte ou d'un couteau lourd.

Cuire les champignons dans un peu d'eau salée pendant 5 minutes. Les découper en une fine julienne.

Éplucher les courgettes à l'aide d'un économe (couteau-éplucheur), et couper les épluchures en julienne. Couper la chair du poivron en une julienne très fine. Mélanger les trois juliennes.

Déposer les escalopes de doré dans un grand plat allant au four. Saler et poivrer. Couvrir du mélange des juliennes.

Entre-temps, faire réduire le fumet de poisson et la sauce soja de plus de la moitié. Assaisonner ensuite de quelques gouttes de jus de citron. Arroser les escalopes de doré avec quelques cuillerées de cette réduction.

Mettre au four à «broil» 2 minutes. Retirer du four et incorporer le beurre dans la sauce avec un mouvement circulaire.

Dresser ensuite les escalopes surmontées des juliennes dans des assiettes au fond desquelles on aura versé quelques cuillerées de sauce.

# La sauce: condition sine qua non d'une cuisine raffinée

L'Angleterre avait-elle vraiment trois sauces et trois cent soixante religions, et la France, trois religions et trois cent soixante sauces, comme le prétendait méchamment (ou à juste titre) Talleyrand? Quoi qu'il en soit, Curnonsky se fit plus subtil dans la méchanceté, tant il est vrai que les rumeurs s'entrecoupent depuis la nuit des temps, ou presque, pour discréditer, d'un siècle à l'autre en écho, les ragoûts de la fière Albion. Dans un éditorial de son magazine *Cuisine et vins de France*, il écrivit un jour:

«Les sauces sont la parure et l'honneur de la cuisine française; elles ont contribué à lui procurer et à lui assurer cette supériorité, ou plutôt, comme on écrivait au XVIe siècle, cette précellence que personne ne discute. Les sauces et les coulis sont l'orchestration et l'accompagnement d'un fin repas, et comme le motif qui permet à un bon chef de faire valoir son talent[28].»

Les chefs n'ont qu'à bien se tenir. Et, surtout, à bien faire leurs sauces! Henri Wojcik le sait pertinemment et va jusqu'à dire que la sauce déterminera finalement le choix du vin, puisqu'un même plat peut tout autant appeler un bordeaux qu'un bourgogne ou même un côtes-du-rhône.

«Par son goût et sa texture, la sauce sollicite les sensations. La texture est plus difficile à obtenir que le goût, car elle n'est pas conditionnée par l'addition d'éléments strictement aromatisants. Elle est plutôt assujettie à un jeu de techniques et d'habiletés. Donc, lorsqu'on vise une cuisine raffinée, on touche aux textures. C'est très important, un petit peu comme pour le vin. La texture s'obtient par la structure. C'est encore une autre dimension du talent des cuisiniers de pouvoir créer des structures, des textures et des goûts», dit-il.

# Un restaurant ancien, unique en son genre

**FRANÇOISE KAYLER**

C'est un curieux restaurant que ce Fadeau. Situé dans le Vieux-Montréal, mais à l'abri de ses bruits. Phonétiquement portugais, mais français dans le verre et l'assiette. Inscrit dans le mouvement nouvelle cuisine d'il y a quelques années, mais sans croire à ses excès et toujours fidèle à la crème pour faire ses sauces. Portant sur le menu, à la hauteur de plusieurs plats, un « cf » qui veut tout simplement dire : « création Fadeau ». Offrant une carte des vins qui donne le vertige, mais y conservant tout de même un mousseux de petite vertu.

Au fil des années, sans rien changer au cadre dans lequel il vit, Le Fadeau s'est modelé une personnalité propre qui tient à la qualité de ce qu'on y sert, un caractère unique car, à certains moments, on a presque l'impression d'être dans un sanctuaire.

La pyramide de Bresse est une entrée chaude inscrite à la carte depuis longtemps. À sa création, elle était parfaite. Elle est exactement comme elle était. Le seul reproche que l'on pourrait lui faire, c'est sa référence à une région précise, d'une signification précise. Et le reproche que l'on pourrait faire au menu, c'est de mentionner, dans le sous-titre anglais, que ce plat est destiné aux « vrais connaisseurs ». Celui qui choisit Le Fadeau ne peut qu'apprécier la délicatesse et le fondu de cette préparation aérienne, démoulée sur un fond de crème subtilement parfumée. On déguste en rendant grâce au cuisinier qui a su faire cela d'un foie de volaille.

Le saumon fumé que sert Le Fadeau n'a aucun équivalent. Ceux qui aiment ce poisson traité de cette façon seront surpris de la finesse moelleuse et du goût délicat de ces tranches brillantes. Elles couvrent l'assiette, et les condiments habituels accompagnent la présentation pour que chacun fasse son choix. Mais ce serait dommage d'user des câpres et de l'oignon faits pour accompagner les poissons intempestivement fumés. On propose un verre d'une vodka parfumée (4,50 $) et c'est beaucoup mieux.

L'escalope de veau au porto est servie sous une tombée de champignons aussi blancs que la viande. Tranchés fins, ils complètent, en texture, cette chair tendre et douce bien respectée par la cuisson. Une sauce crème, onctueuse sans verser dans l'excès, relevée avec mesure par le

Saumon fumé
Pyramide de Bresse
Escalope au porto
Aiguillettes de boeuf
Fraises au poivre
Gratin de framboises
Cafés
Menus pour deux, avant vin, taxe et service : 70 $
(Un menu de dégustation est offert, uniquement quand tous les convives d'une table le choisissent.)

goût que cette coupe particulière révélait. Une sauce crème accompagnait ce plat, légère et parfumée par cette herbe puissante qu'est l'estragon.

Les desserts n'ont pas l'importance qu'a la cuisine au Fadeau. On y trouve encore inscrits des classiques presque oubliés, les crêpes Suzette par exemple. Les fraises et les framboises ne sont plus en saison. Et cela se sentait dans la coupe de fraises au poivre parfumées au Pernod et dans le gratin où les framboises avaient une pointe d'acidité qui tranchait sur la douceur du sabayon.

Le décor du Fadeau est toujours le même. Autour des tables bien habillées, les sièges confortables sont groupés les isolant les unes des autres. Dans cette belle maison, l'atmosphère est douce et feutrée, faite pour le tête à tête et, surtout, pour la dégustation. Le service est attentif, aussi présent que discret.

LE FADEAU
423, rue Saint-Claude
878-3959

vin, enveloppe le tout en le nuançant subtilement. Ce plat des débuts n'a pas changé lui non plus.

On ne fait généralement pas d'aiguillettes avec le boeuf. Ce traitement d'une belle pièce de viande rouge est pourtant extrêmement raffiné. En émincé, la viande devient ferme, en aiguillettes elle était tendre et savoureuse, avec une délicatesse de

# LE VIN AU FADEAU,

## par Michel Phaneuf

Sans le vin, Le Fadeau ne serait pas le restaurant célèbre qu'il est devenu. Et son propriétaire, Henri Wojcik, ne serait pas considéré comme l'un des chefs les plus inventifs du Québec. En effet, il s'est créé entre l'homme, sa cuisine et le vin, une formidable synergie qui fait du Fadeau un établissement hors du commun. Sans le vin, Henri Wojcik ne saurait faire la cuisine. Non pas qu'il s'en serve obligatoirement pour préparer ses sauces, mais parce qu'il y puise l'inspiration nécessaire à sa créativité culinaire. Et je ne parle pas ici d'ivresse (notre homme est d'une austérité quasi monastique), mais de la place importante qu'il accorde au vin dans la gastronomie. Au Fadeau, le vin et la cuisine semblent faits exclusivement pour se compléter. L'un ne va pas sans l'autre. Ce qui peut sembler un lieu commun est ici plus vrai que n'importe où ailleurs. Lorsqu'il crée son flan de foies blonds de volaille nappé de sauce aux morilles, Henri songe immédiatement au vin qui rendra hommage à ce plat merveilleux. «Pourquoi pas un Château Certan de May; le Pomerol se marie parfaitement aux parfums des champignons.»

Au Fadeau, le vin c'est sérieux. Tout comme en cuisine, rien n'est laissé au hasard. Henri choisit soigneusement chacun des vins qu'il inscrit sur sa carte. Plutôt que de subir les assauts de vendeurs prêts à s'agenouiller pour être admis dans le sanctuaire de la rue Saint-Claude, il préfère flâner à la Maison des vins et surveiller de près les nouveaux arrivages. Si un vin le tente, il commence par s'en procurer une bouteille, car pour lui il est impératif de déguster avant d'acheter. Il est l'un des rares restaurateurs du Québec à connaître parfaitement chacun des vins de sa cave. C'est important car il n'inscrit sur la carte que des vins arrivés à maturité. Tous les autres, environ une centaine, devront mûrir le temps nécessaire. De temps à autre, il débouche une bouteille, histoire de s'enquérir de son évolution. «Ce n'est pas une question d'âge, mais plutôt de millésime», explique-t-il. Ainsi on trouve déjà sur la carte un Château Gruaud-Larose 1980 (délicieux!), tandis qu'il faudra attendre encore quelques années avant de voir Henri proposer à ses clients son Lynch-Bages 1975. «Un millésime curieux évoluant très lentement», dit-il. Là-dessus, tout le monde est d'accord.

Le Fadeau est sans doute le seul restaurant de chez nous à n'offrir que des vins mûrs. Pas un seul grand bordeaux rouge n'est postérieur à 1981. Et la très grande majorité des vins sont issus des années 70. On y trouve même plusieurs vins des années 60 dont quelques très bons crus du millésime 1966. Même chose au chapitre des grands vins de Bourgogne où la plupart datent des années 70. Connaissez-vous plusieurs restaurants où on peut encore boire du Vosne-Romanée 1971 et du Corton Grancey 1969? Des vins chers bien sûr, mais c'est le prix à payer pour des vins devenus rarissimes.

Plusieurs de ces vins ont été achetés aux États-Unis entre 1973 et 1976. C'est pendant cette période que, grâce à des amis communs, Henri Wojcik fait la connaissance de Frank Schoonmaker. Le célèbre importateur et marchand l'invite le lendemain à une dégustation entre professionnels. Henri passe l'examen et c'est le début d'une amitié, hélas de courte durée, puisque l'Américain décéda subitement en 1976. Pendant ces quelques années, Schoonmaker sera pour Henri un véritable mentor. C'est notamment grâce à lui qu'Henri Wojcik découvrit les vins de quelques-uns des plus prestigieux domaines de la région. C'est la révélation! Et comme à cette époque, les grands vins français coûtent trois fois rien sur le marché américain, il commence à en importer pour son restaurant. L'affaire est d'autant plus intéressante que, pendant ce temps au Québec, le choix était d'une pauvreté proverbiale. Les trente-cinq ans et plus se souviennent qu'avant la création des Maisons des vins les amateurs de vins erraient en plein désert. Les seules oasis du temps étaient quelques châteaux de Bordeaux comme les Gruaud-Larose, Lagarde, Pontet Canet, Grand Pontet ou Maucaillou. L'univers des grands bourgognes s'arrêtait au

Clos des Mouches de Joseph Drouhin et aux Hospices de Beaune de Patriarche.

À cette époque, seuls quelques grands restaurants présentaient une carte des vins substantielle, notamment La Sapinière et Chez Bardet. Henri Wojcik fut néanmoins le premier à chercher personnellement des vins exclusifs, introuvables au Québec.

Ses relations amicales avec Frank Schoonmaker lui permirent de mettre la main sur des bourgognes sensationnels provenant des domaines les plus prestigieux de la Côte d'Or : Trapet, Damoy, Moine-Hudelot, Marquis d'Angerville, Baron Thénard, Prince de Mérode, etc. Au cours de ces années, Henri acheta surtout des vins des millésimes 1972, 1971 et 1969. Cela pouvait représenter environ cinq cents bouteilles par an. Encore aujourd'hui, on trouve sur la carte du Fadeau des vins de cette époque glorieuse. L'un de ceux dont Henri est le plus fier est le Clos de Vougeot 1971 du Domaine Hudelot. «Le meilleur que j'ai goûté!» s'exclame-t-il.

Puis avec l'arrivée de la Maison des vins et la remontée des prix sur le marché américain, il cessa graduellement d'acheter à l'étranger pour s'approvisionner presque exclusivement au Québec, en privilégiant les vins de Bordeaux et de Bourgogne. Des trois cents vins proposés au Fadeau, plus de 90 p. 100 proviennent de ces deux régions. Ses seules concessions : quelques vins d'Alsace et de Loire, deux vins italiens dont le superbe Sassicaia 1978, un cabernet californien (très ordinaire!), quelques vins allemands banals ainsi que du Royal de Neuville et du Mateus (pour le touriste égaré!). Même les vins du Rhône le laissent plutôt indifférent; des vins qu'il juge trop puissants pour sa cuisine. Et pourtant, il faudra bien qu'un jour il se décide à proposer un bon Côte Rôtie pour accompagner son entrecôte double sauce aux cèpes. Il risque lui-même d'être surpris. Mais cela viendra, car notre homme n'est pas aussi timoré qu'il n'y paraît. Un soir, pour accompagner les premiers jalons de son menu-dégustation, il nous proposa un Chardonnay australien qui s'avéra tout simplement exquis.

Bordeaux et Bourgogne, tel est l'univers vineux d'Henri Wojcik. Manifestement, ces deux vins sont sa spécialité et sa passion. Il faut avouer que la lecture de la carte fait rêver. Une vingtaine de bourgognes blancs dont un somptueux Bâtard-Montrachet 1978 de Bonneau du Martray. Une centaine de bordeaux rouges, tous regroupés par appellations. Impossible de les énumérer ici, mais sachez que la plupart des grands crus y sont, de Palmer à Pétrus, en passant par Léoville Las Cases et Magdelaine. À elle seule, l'appellation Pomerol compte une douzaine de représentants; un exploit, dans les circonstances.

La carte des bourgognes rouges est tout aussi impressionnante. Environ soixante-dix vins provenant en majorité de la Côte de Nuits. Si le prix n'est pas un obstacle, l'amateur n'aura que l'embarras du choix entre un Nuits 71 de Hudelot, un Chambertin 71 de Trapet ou un Corton Bressandes 69 du Prince de Mérode. À moins de choisir les Grands Echézeaux 1969 du Domaine de la Romanée-Conti, tout simplement!

Entre le bordeaux et le bourgogne, a-t-il une préférence? «Il est vrai qu'il y a davantage de bons bordeaux, mais lorsqu'un bourgogne est à son sommet, il est dur à battre. Quant au choix, ça dépend du moment.» Le moment, c'est en réalité le plat à mettre en valeur. Une sorte d'enjeu dominé par une règle, faire en sorte que le vin n'écrase pas le plat. Pas la peine de servir des ris de veau avec un Châteauneuf-du-Pape. C'est un double gaspillage.

En matière d'accord gastronomique, Henri Wojcik est resté très conservateur. Le mariage du poisson et du vin rouge (c'est la grande mode à Paris!) lui hérisse le poil. Il ne croit pas davantage aux sauternes en début de repas et encore moins au dessert. Selon lui, le mariage du vin liquoreux avec le foie gras est excellent, mais pas dans un repas. «Cela écrase tout ce qui suit, affirme-t-il. Cette combinaison doit plutôt être considérée comme une collation de luxe.» Entièrement d'accord!

Rien ne lui fait davantage plaisir que lorsque des clients lui donnent carte blanche pour le menu et pour les vins.

Henri Wojcik devient alors chef et sommelier. «Je connais mes plats et chacun des vins de ma cave. Avec ces éléments en tête, je dois construire un ensemble parfaitement harmonieux.» Pour lui, c'est le défi ultime.

C'est dans ces moments-là qu'un dîner au Fadeau devient une véritable fête, à la fois sensuelle et intellectuelle. Si la sympathie s'installe, Henri n'hésite pas à chercher dans quelques recoins de sa cave encombrée une bouteille qu'il s'était bien gardé de mentionner sur sa carte. Comme un magicien, il sort alors de sa toque de chef des bouteilles dont on n'osait plus croire en l'existence. Comme ce splendide Château La Dominique 1970 qui, un soir, escorta merveilleusement les aiguillettes de boeuf.

En savourant le mariage exquis du plat et du vin, on remercie la vie de nous donner des fruits aussi merveilleux et on se félicite d'avoir croisé sur sa route un restaurant comme Le Fadeau.

---

# Une carte blanche au chef : le menu-dégustation

Malgré l'effort constant du chef à raffiner sa cuisine, certains s'ébahiront sans doute de relever à la carte du Fadeau les ordinaires steak au poivre et soupe à l'oignon. «Ce sont des concessions forcées à une certaine clientèle. Je ferme les yeux», soupire-t-il. Et puis, comment une cuisine évolutive peut-elle même s'accommoder d'une carte? Pour cela aussi, il tient une explication. «Nous recevons deux sortes de clientèles: celle qui veut toujours du nouveau et celle qui revient d'une année à l'autre, surtout des étrangers désirant reprendre le plat dont ils ont gardé un si bon souvenir.» La ferveur de la demande (on l'évalue en six mois) a dicté les plats de la carte: la pyramide de Bresse aux morilles, le gâteau de crevettes au cresson, les fruits de mer à la julienne de légumes, le suprême de volaille soufflée aux morilles, le carré d'agneau à la paloise ou encore le fameux ris de veau aux poires.

La véritable aventure culinaire, et la dernière en date, c'est au menu-dégustation qu'elle s'épanouit. C'est une carte blanche au chef, par laquelle on accepte de se soumettre à son idéal gustatif parce qu'on est curieux, parce qu'on a peur de se tromper. «Ceux qui choisissent la carte au lieu du menu-dégustation ne sont peut-être pas les connaisseurs qu'ils pensent être. Souvent on prend un hors-d'oeuvre qui ne précède pas très bien le plat de résistance», observe le chef, impitoyable. Il concède par ailleurs que c'est aussi une façon de répartir les risques, c'est-à-dire celui de décevoir, celui d'être déçu. Mais qu'est-ce, au juste, qu'un menu-dégustation? «C'est une suite de plats servis les uns à la suite des autres, dans leur ordre naturel, comme les vins: du plus léger au plus lourd[29]. C'est une progression dans les saveurs et les textures. C'est l'occasion d'apprécier la plus grande variété de goûts qu'il est possible au cours d'un repas. C'est un menu léger, naturel, agréable, instructif. Il y a un ordre logique, qui est peut-être arbitraire, mais qui est mon ordre logique», explique Henri Wojcik. Féru d'opéra, il emploie une comparaison éclairante. «Dans le cadre d'un menu-dégustation, le chef est comme un chef d'orchestre symphonique, qui va bien sûr choisir les plus belles pièces, mais qui doit aussi construire un concert. À mon avis, c'est l'avenir de la grande cuisine, et c'est mon idéal de la cuisine contemporaine.»

# Granité d'agrumes au vermouth

*(pour 6 personnes)*

Le granité est la version moderne du trou normand. Sa texture granuleuse sert parfaitement à nettoyer la bouche, surtout lorsqu'on passe des fruits de mer aux viandes et entre deux vins. Il en existe d'innombrables versions. Celle-ci semble avoir été la favorite de la clientèle du Fadeau.

| | | | |
|---|---|---|---|
| 1 L | (4 tasses) d'eau | 1 | pamplemousse |
| | 1 tasse + 10½ c. à thé de sucre | 3 | citrons |
| | | 2 | limes |
| 500 mL | (2 tasses) de vermouth blanc, sec | 4 | oranges |

Enlever le zeste de tous les agrumes et le réserver.

Porter 500 mL (2 tasses) d'eau à ébullition, avec 1 tasse de sucre et le zeste d'un citron.

Refroidir le sirop et retirer le zeste.

Blanchir à deux reprises les zestes d'agrumes, c'est-à-dire les porter à ébullition, les refroidir et recommencer l'opération, qui a pour but d'éliminer l'excédent d'amertume.

Mettre les zestes dans 500 mL (2 tasses) d'eau. Ajouter 10½ c. à thé de sucre et les cuire doucement pendant 45 minutes.

Refroidir, retirer les zestes et les hacher finement, puis les remettre dans le jus de cuisson.

Extraire le jus de pamplemousse, des citrons, des limes et des oranges. Réserver.

Mélanger le sirop froid et le jus des agrumes, ainsi que les zestes et leur jus de cuisson. Ajouter le vermouth. Bien mélanger.

Verser cet appareil dans un contenant à large surface et congeler.

Pour obtenir la texture désirée, l'appareil congelé doit être brisé en fines particules, manuellement ou à l'aide d'un mélangeur électrique, puis être recongelé. Avant de servir, arroser légèrement de vermouth.

# Magrets de canard à ma façon

*(pour 4 ou 6 personnes)*

Les magrets sont les suprêmes d'un canard gras ayant servi à la production du foie gras. Les canards ordinaires ne produisent pas de magrets. Cette recette est le résultat d'un effort conjoint entre Henri Wojcik et Jean-Michel Baudenon, l'ex-chef des cuisines du Fadeau, qui y a mis les dernières touches de détail. Elle accompagne très bien le riz sauvage aux pommes acides (R: p. 107).

| | | | |
|---|---|---|---|
| 2 | beaux magrets de canard | 3 | c. à soupe de cognac |
| 5 | c. à soupe de beurre | 3 | c. à soupe de jus de grenade au naturel (on en trouve dans les épiceries orientales ; ne pas confondre avec le sirop de grenadine) |
| 3 | c. à soupe de sucre | | |
| 500 mL | (2 tasses) de fond de canard corsé (R: p. 85) *ou,* à défaut, de bouillon mixte (R: p. 87) | | |
| 2 | c. à thé de vinaigre de framboise | 10 | baies de genièvre |
| | | | sel et poivre |

Inciser la peau des magrets, puis les faire macérer 24 heures dans le cognac et le jus de grenade. Les retourner toutes les 6 heures.

Chauffer le sucre et le vinaigre de framboise jusqu'à ce que le mélange commence à produire un caramel légèrement coloré.

Mouiller avec le fond de canard, ou avec le bouillon mixte. Saler, poivrer et ajouter les baies de genièvre.

Laisser réduire de moitié, puis passer au tamis et réserver.

Éponger les magrets, les saler et les poivrer.

Faire fondre 2 c. à soupe de beurre dans une sauteuse. Y déposer les magrets sur le côté peau, et les cuire doucement en les arrosant et en les retournant régulièrement. Retirer les magrets et les réserver au chaud, tout en les gardant saignants.

Jeter le gras de cuisson et ajouter la sauce au caramel.

Hors du feu, incorporer le reste de beurre en petits morceaux. Bien mélanger et passer au tamis.

Découper les magrets en lamelles et les napper de sauce. Servir avec le riz sauvage aux pommes acides.

# Riz sauvage aux pommes acides

*(pour 6 personnes)*

Ce plat accompagne très bien les magrets de canard (R: p. 106).

| | | | |
|---|---|---|---|
| 12 | c. à soupe de riz sauvage | 2 | c. à soupe de beurre |
| 2 L | (8 tasses) d'eau salée et poivrée | | sel et poivre |
| 2 | pommes vertes Granny Smith | | |

Faire bouillir l'eau. Y verser le riz sauvage et porter de nouveau à ébullition. Laisser cuire doucement environ 45 minutes. Le riz est cuit lorsque les grains commencent à éclater.

Refroidir vivement le riz à l'eau froide. L'égoutter. Recommencer cette opération 2 ou 3 fois, afin d'éliminer l'amidon au maximum.

Peler les pommes et les couper en une fine julienne. Faire sauter cette julienne rapidement dans le beurre.

Ajouter le riz sauvage. Bien mélanger, saler et poivrer au goût.

Dans le but de produire de la vapeur, ajouter 3 c. à soupe d'eau. Réchauffer sur feu moyen. Servir aussitôt avec les magrets de canard.

# Poires rôties au beurre

*(pour 6 personnes)*

On peut remplacer les poires par des nectarines ou des pêches, en substituant les alcools correspondant à l'eau-de-vie de poire.

| | | | |
|---|---|---|---|
| 6 | belles poires, mûres mais fermes | **pour la sauce** | |
| 2 | c. à soupe de beurre ramolli | 1 | poire |
| 6 | c. à soupe de sucre | 1 | c. à thé de beurre |
| | le jus du quart d'un citron | 3½ | c. à thé de sucre |
| 12 | belles feuilles de menthe, pour la décoration | 1 | c. à soupe d'eau-de-vie de poire |

Peler les poires en conservant les queues intactes. Les enrober de beurre, les saupoudrer de sucre et les arroser de jus de citron.

Beurrer une lèchefrite et y déposer les poires debout. Les cuire environ 15 minutes dans le four préchauffé à 190°C (375°F), en les arrosant régulièrement avec le jus de cuisson. Elles sont cuites quand un cure-dent en ressort net.

Pour faire la sauce, extraire le jus d'une poire (ou la broyer au mélangeur électrique) et le passer au tamis.

Verser ce jus dans une petite casserole. Ajouter le sucre et le beurre. Chauffer jusqu'à ébullition, et poursuivre la cuisson 2 ou 3 minutes. Ajouter l'eau-de-vie de poire.

Lorsque les poires sont cuites, récupérer leur jus de cuisson et l'ajouter à la sauce. Porter à ébullition.

Pour servir, déposer une poire sur chaque assiette. Arroser de sauce et décorer de feuilles de menthe.

# Tomates, escargots et roquefort

*(pour 4 personnes)*

Créé spécialement pour un menu gastronomique, ce plat devait en particulier convenir à une convive qui n'aimait pas l'ail. Une sauce au roquefort a réglé la question.

| | | | |
|---|---|---|---|
| 2 | douzaines d'escargots extra gros | 1½ | c. à thé de beurre |
| | | 75 mL | (⅓ tasse) de crème 35% |
| 24 | tomates-cerises moyennes | 2 | c. à thé de cognac |
| 150 g | (5 oz) de roquefort, *ou* d'un autre fromage bleu | 2 | c. à thé de porto |
| | | 1 | pincée de poivre blanc moulu |

Décalotter les tomates du côté du pédicule et les évider soigneusement à l'aide d'une cuillère parisienne. Les renverser sur un papier absorbant.

Égoutter les escargots et les faire sauter doucement dans du beurre. Réserver.

Découper 4 beaux médaillons dans le fromage, qui serviront à décorer les assiettes.

Faire fondre à feu doux le reste du fromage. Ajouter la crème, le cognac et le porto. Poivrer et cuire quelques instants, afin d'obtenir un mélange homogène.

Dans le fond de chaque tomate, verser un peu de l'appareil à fromage, y insérer un escargot et recouvrir du mélange.

Préchauffer le four à 150° C (300° F). Déposer les tomates farcies sur une plaque et les cuire une dizaine de minutes.

Déposer un médaillon de fromage et 6 tomates sur chaque assiette et servir immédiatement. On peut aussi accompagner ces escargots de croûtons chauds beurrés et frottés à l'ail.

# Des matières premières modestes et des prix décents

Pierre-Marie Doutrelant, critique français, n'y est pas allé de main morte lorsqu'il a analysé cette nouvelle tendance de la cuisine française :

«Le meilleur attrape-gogo est le menu-dégustation, écrit-il, dont la mode précieuse s'impose. Cinq plats pour cinq cents francs. Mode "précieuse" parce que cinq fois quelques grammes pèsent moins lourd en marchandise que deux vrais plats[30].»

Henri Wojcik est un créateur, mais il est aussi très terre-à-terre. À son avis, cette affirmation est fausse sur toute la ligne. «Un menu-dégustation bien équilibré est quantitativement égal à un repas normal. D'autre part, confectionner trois plats et en faire huit n'occasionnent pas le même travail!»

Faire la cuisine, c'est magnifique, mais il faut aussi gagner sa vie. Le chef a donc contourné le problème, n'utilisant pas de produits chers, ou importés à fort prix. «J'ai toujours essayé de faire des plats intéressants à partir de matières premières modestes au point de vue du prix, pas à celui de la qualité. Ma cuisine est pour les connaisseurs, pas pour les snobs», dit-il. Dans ses menus-dégustation comme pour les autres plats.

Qu'est-ce qu'un produit modeste? C'est un aliment courant, donc bon marché, comme le rutabaga (R: p. 112). Par contre, les prix des ris de veau, de la lotte, de la morue, du crabe ou des pétoncles se sont mis à flamber lorsque les chefs ont fait découvrir ces aliments... c'est leur faute! Boude-t-on encore quelque chose... les légumes chinois? «Je crois avoir été l'un des premiers à les utiliser, mais ils se répandent de plus en plus parmi les cuisiniers français, sous l'influence des cuisines thaï et cambodgienne.» Malgré tout, le corégone reste abordable. «J'en ai fait des mousses admirables il y a quelques années, car il est très gélatineux et son goût est très personnalisé», dit le chef, qui ne nous conduira pas sur ses autres pistes, on s'en doute, puisqu'elles se raréfient.

Sa philosophie commerciale est simple : «Réaliser des petits bénéfices sur tout. Je ne veux pas faire un gros profit sur un plat, et subir une perte sur un autre. C'est être malhonnête envers celui qui a commandé un plat modeste, et j'ai toujours refusé ce genre de choses.» Ainsi, pas de délicieux saint-pierre au menu. «C'est un très bon poisson, mais très cher, dont le rendement est très petit. D'un poisson de six livres, on tire quatre portions et cela nous coûte les yeux de la tête. Si on veut le servir, on peut toujours le faire, pour bâtir notre réputation, mais va-t-on gagner nos salaires? Pourquoi ne pas plutôt proposer notre morue nationale, toujours fraîche, aussi noble qu'un poisson plus rare?» demande le chef.

S'il ne sert pas de foie gras, ce n'est pas seulement à cause de son prix. «La qualité du foie gras frais du Québec n'est pas équivalente à celle du foie gras frais français. Servir quelque chose d'inférieur à ce qui se sert là-bas ne m'intéresse pas. Travailler pour rien ne m'intéresse pas non plus. De toute façon, personne à Montréal ne voudra payer le vrai prix des produits de luxe importés.»

Le saumon canadien n'échappe pas non plus à sa critique. Celui-ci ne le satisfait pas... Il le fumera lui-même! Deux facteurs sous-tendent le succès du chef, après trois ans d'essais, à savoir la fraîcheur du poisson et sa provenance, l'Atlantique. Françoise Kayler dit qu'il est «sans équivalent». Elle a d'ailleurs écrit en 1987 : «Ceux qui aiment ce poisson traité de cette façon seront surpris de la finesse moelleuse et du goût délicat de ses tranches brillantes.» Ce saumon fumé à froid, parce qu'il est exceptionnel, se congèle parfaitement bien sans en être appauvri. Pourquoi la congélation? Parce qu'un saumon fumé entier ne se vend pas en deux jours. «Il est presque impossible de différencier mon saumon congelé et mis sous vide de mon saumon non congelé. Si les résultats n'avaient pas été bons, j'aurais cessé. Un restaurateur sait très bien ce qu'il peut faire et ne pas faire», explique le chef.

# Langoustines au rutabaga, au miel et au gingembre

*(pour 4 personnes)*

La nouveauté de ce plat réside dans le traitement accordé au rutabaga qui, d'habitude, est toujours cuit exagérément — ce qui fait ressortir un goût sucré — et est servi pâteux. Le rutabaga est un aliment modeste, très dur à l'état cru. Voilà pourquoi les bâtonnets doivent être très minces. Ils sont sautés à cru de façon à être servis «al dente», ils présentent ainsi une agressivité gustative qui caractérise la famille des radis dont ils sont issus. Le résultat est totalement différent.

| | | | | |
|---|---|---|---|---|
| 500 g | (environ 1 lb) de petites queues de langoustines | | 2 | c. à thé de xérès sec |
| 250 g | (environ ½ lb) de rutabagas, coupés en julienne | | 3 | c. à soupe de beurre frais |
| | | | 4 | c. à soupe de beurre clarifié |
| 2 | c. à thé de miel | | 1 | botte de cresson équeuté *ou* 4 petites tomates façonnées en rose, pour la décoration |
| ⅛ | c. à thé de gingembre, finement haché | | | |
| 125 mL | (½ tasse) de fumet de poisson (R: p. 86) | | | quelques gouttes de jus de citron |
| 125 mL | (½ tasse) de crème 35% | | | sel et poivre du moulin |

Décortiquer les queues de langoustines.

Dans du beurre clarifié, sur feu moyen, faire sauter la julienne de rutabaga en remuant.

Lorsque les bâtonnets commencent à ramollir, ajouter le miel et le gingembre. Continuer la cuisson jusqu'à ce qu'ils soient moins fermes, tout en restant «al dente». Saler, poivrer et réserver.

Dans une autre poêle, sur feu moyen, faire fondre le beurre frais. Y faire sauter les queues de langoustines. Lorsqu'elles auront perdu leur translucidité, les retirer du beurre de cuisson et les réserver.

Au beurre de cuisson, ajouter la crème, le fumet de poisson et le xérès. Faire réduire des deux tiers. Saler et poivrer.

Remettre les langoustines dans cette sauce et laisser infuser pendant 15 minutes hors du feu. Assaisonner avec du sel, du poivre et du jus de citron.

Pour dresser l'assiette, disposer les langoustines en éventail. Déposer la julienne de rutabaga façonnée en petites boules au centre de l'assiette, ainsi qu'une tomate ou des feuilles de cresson. Verser quelques cuillerées de sauce sur les langoustines.

# Gratin de courgettes

*(pour 5 ou 6 personnes)*

Ce plat va très bien avec les cailles au thé (R : p. 72). Henri Wojcik l'a créé pour ses amis. «Jacques Robert, le grand cuisinier du Tournant de la rivière, en est fou!» affirme le chef.

| | | | |
|---|---|---|---|
| 500 g | (environ 1 lb) de petites courgettes | 3 | c. à soupe de beurre clarifié |
| 175 mL | (¾ tasse) de crème 35% | 1 | pincée de noix de muscade râpée |
| 100 g | (3⅓ oz) d'emmenthal, râpé | | sel et poivre |
| 1 | c. à soupe de xérès | | |

Couper les courgettes en rondelles très fines. Les saler légèrement et les faire dégorger quelques instants.

Entre-temps, verser la crème dans une petite casserole et la réchauffer sans la faire bouillir.

Ajouter le fromage râpé et le faire fondre doucement. Ajouter le xérès. Saler et poivrer au goût.

Éponger les courgettes et les faire sauter rapidement dans le beurre clarifié sans les colorer. Bien les égoutter.

Répartir les courgettes dans un plat allongé allant au four. Les napper du mélange crème-fromage-xérès. Les saupoudrer de muscade.

Faire cuire 15 minutes dans le four préchauffé à 180°C (350°F). Faire gratiner et servir.

# Moules au xérès

*(pour 5 ou 6 personnes)*

Ce plat est une variante des moules à la poulette, dont la sauce (poulette) est composée de fumet de poisson, d'oeufs et de beurre. Cette sauce-ci est toutefois plus concentrée que la sauce poulette et elle comporte du xérès, dont le chef aime beaucoup le mariage avec les fruits de mer.

| | | | |
|---|---|---|---|
| 1 kg | (2 lb) de moules d'élevage, soigneusement nettoyées | 150 mL | (⅔ tasse) de xérès Amontillado |
| 2 | c. à soupe de beurre clarifié | 200 mL | (¾ tasse + 5 c. à thé) de crème 35% |
| 1 | échalote française, émincée | 1 | feuille de laurier |
| 100 g | (environ ½ tasse) d'oignons hachés | 1 | c. à soupe de ciboulette, finement ciselée |
| 50 g | (¼ tasse) de céleri haché (garder les feuilles pour la décoration) | | le jus du quart d'un citron |
| 2 | branches de persil | 2 | c. à soupe de beurre (facultatif) |
| ½ | c. à thé de curry | | sel et poivre du moulin |

Dans une poêle profonde, faire suer au beurre clarifié, pendant quelques minutes, l'échalote, l'oignon, le céleri, le persil et la feuille de laurier.

Déposer les moules sur ces aromates. Verser la moitié du xérès et poivrer. Cuire partiellement couvert. Retirer les moules au fur et à mesure qu'elles s'ouvrent. Jeter celles qui ne s'ouvrent pas.

Quand toutes les moules sont retirées, ajouter au liquide de cuisson la crème, le reste du xérès et le curry. Poursuivre la réduction.

Entre-temps, retirer les moules de leur coquille.

Lorsque la sauce aura atteint une consistance onctueuse, arrêter la cuisson et passer au tamis. Rectifier l'assaisonnement avec du sel, du poivre et du jus de citron.

Si on le désire, on peut incorporer à la sauce, à l'aide d'un fouet, 2 c. à soupe de beurre. Elle sera plus fine mais, hélas!, plus riche.

Pour servir, placer les moules sur les assiettes. Les arroser de sauce et saupoudrer de ciboulette. Décorer avec des feuilles de céleri.

# Chaudrée aux moules

*(pour 6 personnes)*

Ce plat d'hiver est inspiré d'une chaudrée de myes * bostoniennes. Le chef espère toutefois que la sienne est «plus raffinée»!

| | | | | |
|---|---|---|---|---|
| 1 kg | (2 lb) de moules d'élevage | | 6 | c. à soupe de beurre clarifié |
| 1 L | (4 tasses) d'eau bouillante | | 2 | feuilles de laurier |
| 3 | pommes de terre Idaho, coupées en dés | | 1 | pincée de noix de muscade, râpée |
| 3 | oignons moyens, finement hachés | | | quelques brins d'estragon sec |
| 2 | échalotes françaises | | 1 | pincée de thym |
| | le blanc d'un poireau, finement haché | | | sel et poivre du moulin |
| 175 mL | (¾ tasse) d'un bon vin blanc sec | | | |

## Préparation de la base de la soupe

Dans du beurre clarifié, sur feu moyen, faire sauter séparément les pommes de terre, les oignons et le blanc de poireau. Les pommes de terre doivent être cuites mais pas colorées et les oignons, translucides. Réserver le tiers de ces légumes, qui servira de garniture.

---

\* La mye est un mollusque à coquille, qu'on appelle parfois «grosse palourde» ou «clanque».

Aux légumes qui restent, ajouter l'eau bouillante, les feuilles de laurier et l'estragon. Porter à ébullition. Arrêter la cuisson lorsque les pommes de terre se décomposent.

Dégraisser, enlever les feuilles de laurier et passer à la moulinette.

## Préparation des moules

Mettre les moules dans une grande casserole à fond épais. Ajouter le vin blanc, les échalotes et le thym. Porter à ébullition, puis réduire le feu et cuire doucement jusqu'à ce que les moules s'ouvrent.

Égoutter les moules mais conserver le liquide de cuisson. Les retirer de leur coquille et les ébarber si possible.

Passer le liquide de cuisson au tamis, puis le faire réduire de moitié.

## Préparation de la soupe

Réchauffer la base de la soupe et y verser les trois quarts du liquide de cuisson des moules (ou la totalité si l'on désire un goût plus prononcé). Ajouter la garniture de légumes réservée.

Porter à ébullition et écumer. Ajouter la muscade. Saler et poivrer. Déposer les moules dans cette chaudrée, les réchauffer et servir.

# Le minimalisme, ou l'art des dosages subtils

«Chaque cuisinier doit utiliser le minimum possible des ingrédients dans une recette. Le dosage de ces ingrédients doit être parfait, la combinaison des harmonies, parfaite. Il faut donc posséder un sens inné de la composition car, en cuisine, il est nécessaire de toujours compenser, de remédier aux manques de la matière première», pense Henri Wojcik. Jean Delaveyne est d'accord: «La grande cuisine, ce n'est pas lorsqu'il n'y a plus rien à rajouter, c'est lorsqu'il n'y a plus rien à soustraire[31].»

La musique a inspiré à Henri Wojcik ce parti pris minimaliste. «Dans un menuet de Mozart, on ne peut rien soustraire... mais on peut toujours ajouter!» C'est une entreprise de «dégraissage», comme en littérature, l'écriture la plus efficace est la plus ramassée, celle qui emploie les mots les plus précis, les plus porteurs d'émotion. «Le but, dit-il, est de parvenir à exalter l'essence des goûts et des parfums. C'est la cuisine la plus difficile.» Au minimum, il ajoutera une pincée si le goût l'exige. La mise au point d'un plat est longue. Dans la recette du gratin de langoustines au rappini (R: p. 74), «la quantité et le nombre des ingrédients de base sont strictement calculés pour la quantité de sauce, rien n'est inutile». Dans celle des blancs de volaille à la crème d'estragon (R: p. 119), «la cuisson de seulement deux ingrédients de base produit une osmose miraculeuse qui donne la plus délicieuse des sauces».

# Blancs de volaille à la crème d'estragon

*(pour 4 personnes)*

C'est un plat «minute» par excellence. La cuisson de deux ingrédients seulement produit une osmose miraculeuse qui donne la plus délicieuse des sauces.

| | | | |
|---|---|---|---|
| 4 | suprêmes de volaille de grain | 1 | c. à soupe de beurre |
| 2 | c. à soupe de beurre doux | | pâtes fraîches aux épinards, |
| 250 mL | (1 tasse) de crème 35% | | pour la garniture |
| 1 | c. à thé de feuilles d'estragon sec | 2 L | (8 tasses) d'eau salée sel et poivre |
| ¾ | c. à thé de cognac | | |

Enlever la peau des suprêmes et les dégraisser.

Sur feu moyen, faire fondre 2 c. à soupe de beurre doux et dorer très légèrement les suprêmes en les tournant souvent. Saler et poivrer.

Verser la crème sur les suprêmes. Ajouter l'estragon et laisser mijoter doucement. Remuer de temps en temps. Les suprêmes seront cuits lorsque la crème aura atteint une certaine onctuosité (elle ne doit pas être collante sur la langue).

Saler, poivrer et verser le cognac. Bien mélanger et réserver au chaud.

Faire bouillir l'eau salée, ajouter 1 c. à soupe de beurre et immerger les pâtes. Cuire «al dente» et égoutter.

Pour dresser l'assiette, disposer les pâtes en une couronne. Au centre, déposer un suprême. Napper les pâtes de sauce et servir.

# La compensation :
# un travail de Sisyphe

Une telle recherche ne va pas sans une très grande précision, d'aucuns l'auront remarqué dans les recettes. Ces mesures ne sont pas forcément justes[32], parce que rien ne ressemble moins à une carotte qu'une autre carotte. «Une recette s'appuie toujours sur les qualités gustatives maximales d'un aliment. Affirmer que tel ou tel ingrédient possède telle ou telle donnée gustative est tout à fait erroné», dit le chef. C'est la faute du terroir, de la pluviosité, de l'ensoleillement. Les fraises du Québec, de la Californie, du Mexique, seront très parfumées ou insipides, cela est imprévisible.

Que faire lorsque les qualités de l'aliment sont minimales, et que survient le danger de rater le plat? Pallier les manques, c'est-à-dire remplacer l'aliment ou le soutenir. Le chef doit constamment rectifier le tir. Il baptisera de sapinages son fond de faisan d'élevage sans goût, afin de retrouver une saveur «sauvage». Le vinaigre blanc, la limette ou le citron, selon le contexte, acidifieront à nouveau une oseille chlorotique. Le risque est constant, soit celui de créer un goût autre. La bataille est quotidienne. «Il est très difficile de se maintenir au sommet», estime-t-il.

L'entrecôte double enrichie à la moelle (et sa sauce aux cèpes, R: p. 121) illustre bien le problème. Il y a vingt ans, il achetait du boeuf américain très marbré, dont la graisse intrinsèque fondait sur la grille en cuisant, laissant la viande maigre et très tendre. Cet aliment a progressivement disparu, l'obligeant à se poser la question suivante: par quoi compenser cette tendreté perdue? Il pense à la moelle braisée italienne, qui donne un goût très prononcé à la viande. L'idée lui vient d'en persiller son morceau de boeuf, un procédé original qu'on lui doit et qu'il n'a jamais vu en cuisine française. En règle générale, la rondelle de moelle est pochée puis déposée sur la viande, un goût qu'il n'aime pas et une méthode dont il estime qu'elle ne présente aucun intérêt.

# Entrecôte double enrichie à la moelle, sauce aux cèpes

*(pour 4 personnes)*

Cette entrecôte se sert avec une sauce aux cèpes (R : p. 122). On trouvera un commentaire sur l'utilisation de la moelle, en page 120.

| | | | |
|---|---|---|---|
| 2 | entrecôtes doubles d'environ 400 g (13 oz) chacune, entièrement dégraissées | 2 | c. à soupe de beurre clarifié |
| | | 1 | c. à soupe d'huile d'arachide |
| 2 | tronçons d'os de boeuf à moelle | | sauce aux cèpes |

Immerger les os dans de l'eau froide. Changer cette eau 3 ou 4 fois, jusqu'à ce que les traces sanguinolentes aient disparu.

Blanchir ensuite les os dans 1 L (4 tasses) d'eau salée pendant 4 ou 5 minutes. Laisser refroidir.

À l'aide d'un petit couteau pointu, dégager la moelle de l'os, de façon à la récupérer intacte.

Couper chaque tronçon en 5 ou 6 bâtonnets. Les réserver au froid, mais les ressortir 1 heure avant de les utiliser.

À l'aide d'un instrument tranchant et allongé, comme un fusil pour aiguiser les couteaux, pratiquer dans chaque entrecôte, au centre et dans le sens de la longueur, une ouverture sur presque toute la longueur de l'entrecôte, sans toutefois la transpercer complètement.

Introduire les bâtonnets de moelle dans ces tunnels, en se servant du doigt pour les pousser à fond.

Dans une sauteuse, faire chauffer à feu vif le beurre clarifié et l'huile d'arachide.

Y saisir les entrecôtes, en les colorant des quatre côtés. Retirer et garder au chaud.

Jeter le gras de la sauteuse et la déglacer avec une cuillerée d'eau. Verser la sauce aux cèpes pour la réchauffer. Remettre la julienne de cèpes dans la sauce.

Pour servir, découper les entrecôtes en médaillons et en servir 5 par personne sur des assiettes très chaudes. Napper de sauce et déposer la julienne de cèpes au centre de l'assiette.

## Sauce aux cèpes

*(pour 4 personnes ou 175 mL [¾ tasse])*

| | | | |
|---|---|---|---|
| 50 g | (¼ tasse) de cèpes déshydratés | | *ou*, à défaut, de fond brun (R: p. 45) |
| 100 mL | (⅓ tasse + 5 c. à thé) de porto de bonne qualité | 1 | c. à thé de cognac |
| 150 mL | (⅔ tasse) d'eau bouillante | 4 | c. à thé de beurre en morceaux |
| 100 mL | (⅓ tasse + 5 c. à thé) de fond blanc de pieds de bovin (R: p. 84) | | |

Verser l'eau bouillante sur les cèpes et les laisser infuser. Remuer de temps en temps. Il est préférable d'accomplir cette opération quelques heures à l'avance, la réhydratation s'accomplissant souvent très lentement.

Égoutter les cèpes et passer le liquide à travers un filtre à café.

Remettre les cèpes dans leur infusion et faire bouillir 30 minutes.

Ajouter le porto et le cognac. Faire réduire de moitié.

Retirer les cèpes, les laisser refroidir et les trancher en une fine julienne. Réserver cette julienne pour la garniture.

Ajouter le fond blanc de pieds de bovin, ou le fond brun, à l'infusion de cèpes. Continuer la réduction une dizaine de minutes.

Hors du feu, incorporer les morceaux de beurre, en fouettant énergiquement.

Servir cette sauce avec l'entrecôte double enrichie à la moelle.

# Glace au miel et à la camomille

*(pour 6 personnes et plus)*

Cette recette est classique. Henri Wojcik se désespérait, le miel de trèfle n'étant pas suffisamment parfumé, jusqu'à ce qu'il découvre que la camomille infusée, ajoutée au miel, rehausse son parfum. Cette glace se marie à merveille avec une tarte aux pommes chaudes.

| | | | |
|---|---|---|---|
| 1 L | (4 tasses) de lait bouilli | 8 | jaunes d'oeufs |
| 200 mL | (¾ tasse + 5 c. à thé) de crème 35% | 4 | c. à soupe de fleurs de camomille, séchées |
| 500 g | (1 lb) de miel de trèfle | | |

Mettre la camomille dans le lait bouilli. Laisser infuser 10 minutes, en remuant de temps en temps.

Passer au tamis fin. Ajouter le miel au lait encore chaud. Mélanger jusqu'à ce que le miel soit complètement dissous.

Mettre les jaunes d'oeufs dans un saladier. Les battre pendant plus d'une minute. Ajouter la crème et remuer le tout à l'aide d'un fouet.

Tout en fouettant, incorporer le mélange miel-lait au mélange oeufs-crème. Passer au tamis et refroidir. L'appareil est prêt à être congelé à l'aide d'une sorbetière.

# Quand les chefs déçoivent,
# ce n'est pas toujours leur faute

Cessons là ce que certains chauvins qualifieront sans doute de «désinformation» agricole. La production est quand même à la hauteur des exigences du chef. «On peut trouver de bons produits au Québec, avec lesquels on peut faire ce que l'on veut, dit-il. Et il est tout à fait faux de prétendre que les chefs français ont, eux, tout à portée de la main.» Joël Robuchon en témoigne: «Le plus difficile pour moi n'est pas de trouver des produits frais, il y en a à la pelle, mais de trouver des produits de qualité supérieure[33].»

Les chefs français n'ont souvent qu'un coup de fil à passer pour obtenir exactement ce qu'ils ont commandé à leurs fournisseurs de confiance, mais Henri Wojcik, lui, ne se fie qu'à lui-même et passe la moitié de chaque jour à faire ses achats, alors qu'il préférerait se consacrer à la recherche. Malgré tout, même s'il les a choisis lui-même, la qualité des ingrédients peut varier, ce qui le met en furie. «Un steak de boeuf peut paraître magnifique à l'oeil mais être en réalité très dur. On ne peut pas savoir si cet animal-là était plus actif qu'un autre.»

Que faire, alors, car le client venu dîner dans un établissement renommé ne tolère pas les déceptions... «Assez curieusement, les non-familiers de ce genre d'endroit sont plus exigeants: ils s'attendent à être au paradis. Les autres savent que ce n'est pas une usine, que nous sommes des humains. Leurs espérances sont beaucoup plus raisonnables. Et puis, pour reconnaître la finesse, la grande subtilité, cela prend des années d'entraînement. C'est comme l'habitude des grands vins», explique le chef.

Malgré tout, il tient sa cuisine dans une main de fer, et rien n'échappe à son troisième oeil, c'est-à-dire qu'il lui suffit de regarder un plat pour voir s'il est réussi ou pas. Question d'expérience? Sans doute. «Je sais qu'une pièce de viande parfaitement cuite doit être gonflée dans telle ou telle proportion. Si elle est sèche, dure ou juteuse, je le vois tout de suite. Il y a aussi la consistance de la sauce et la présentation.»

Une assiette revient à moitié pleine en cuisine? Aussitôt, il se demande pourquoi. S'il existe une raison, il la trouve. Si un plat est raté — ce qui arrive dans toutes les cuisines —, il l'intercepte et le renvoie à son auteur. Il surveille aussi la salle. «Si le plat est réussi, je regarde la réaction du client. Elle m'intéresse beaucoup.» Malgré toutes ces précautions, les déceptions sont toujours possibles. «Le plus grand des cuisiniers sortira des plats qui ne sont pas à la hauteur, pour des raisons qu'il ne peut même pas contrôler», constate-t-il tristement.

# Le chef n'aime pas «la cuisine de représentation»

Ce n'est plus le cas maintenant, mais Henri Wojcik a longtemps fait bande à part au chapitre de la décoration de l'assiette, si chère à la nouvelle cuisine. Ce n'était pas par manque de sens artistique, ni par souci de se démarquer. «J'ai refusé de faire des concessions à la qualité pour la beauté, car faire un paysage dans l'assiette prend beaucoup de temps. Il faut réchauffer le plat, et c'est le quart de la qualité qui se perd ainsi», explique-t-il.

Le visuel revêt beaucoup d'importance pour le chef, mais ce dernier est fermement contre l'élaboration. «Je pense qu'un plat doit plaire, mais de là à modeler des petites carottes en fleurs pendant trois quarts d'heure, non. Il ne faut pas oublier que le temps qui se perd en détails se perd aussi pour l'essentiel. L'idéal est de trouver une harmonie, et que la forme ne prédomine pas sur le contenu.» Sans oublier de compter le coût de la main-d'oeuvre.

Autrefois, les sauces servaient à masquer les fumets un peu trop prononcés de viandes faisandées ou surcuites. Ce n'est plus le cas aujourd'hui, heureusement. La matière première est super fraîche, et «la sauce joue vraiment le rôle d'un embellissement», estime le chef. Le rôle de la sauce est capital dans sa cuisine, on l'a vu, mais elle n'est jamais servie qu'en flaque. En effet, le plus important, c'est la matière première.

Cette attention extraordinaire à l'aliment de base fait que la garniture a tendance à reculer dans les coulisses. «Ce qui m'intéresse, c'est de présenter un médaillon d'espadon, pas les à-côtés. C'est une recherche de dépouillement, très différente de la cuisine de représentation que je n'aime pas», précise-t-il. On remarquera ce dépouillement dans les menus-dégustation, car les assiettes de tous les jours sont bien garnies. «Les gens ne sont pas encore prêts à apprécier le dépouillement», pense le chef.

Quant aux desserts, que Françoise Kayler a plusieurs fois critiqués pour leur ultra-classicisme, ils ont quelque peu remonté la pente, tant au chapitre de leur composition que de leur décoration (voir la recette des poires rôties au beurre, p. 108; celle du gratin de pommes au sabayon à l'orange, p. 127; la recette du dessert d'un autre temps, p. 129).

# Gratin de pommes
# au sabayon à l'orange

*(pour 4 personnes)*

Le Canada produit parmi les meilleures pommes au monde. Il faut s'en servir, estime Henri Wojcik. La recette du sabayon se trouve à la page suivante.

| | | | |
|---|---|---|---|
| 4 | belles pommes rouges Délicieuse | | le jus de ½ citron |
| 12 | c. à thé de sucre | 125 mL | (½ tasse) de sabayon à l'orange |
| 2 | c. à soupe + 1 c. à thé de beurre | 4 | boules de melon |

À l'aide d'un vide-pomme, retirer le coeur et les pépins de chaque fruit. Découper chaque pomme en 12 segments. Peler les segments, en laissant au milieu de chacun d'eux une étroite bande de peau rouge. Asperger les segments de jus de citron et les enrober de sucre.

Dans une poêle, faire fondre le beurre. Y déposer les segments et les faire sauter jusqu'à ce qu'ils soient colorés. Ajouter le reste du sucre.

Disposer les segments de pommes en étoile sur des assiettes allant au four. Recouvrir d'une couche de sabayon et mettre au four à «broil». Retirer aussitôt que le sabayon commence à brunir. Déposer une boule de melon au centre de l'étoile.

# Sabayon à l'orange

*(pour 6 personnes ou environ 750 mL [3 tasses])*

| | | | | |
|---|---|---|---|---|
| 6 | jaunes d'oeufs | | 150 mL | (⅔ tasse) de vin blanc |
| 3 | c. à soupe de sucre | | 75 mL | (⅓ tasse) de Grand Marnier |
| | le jus de 2 oranges | | | |
| 50 mL | (¼ tasse) de jus d'orange concentré | | 8 | c. à thé de crème 35% |

Dans un bol, mélanger les jaunes d'oeufs, le sucre, le jus de 2 oranges, le jus d'orange concentré, le vin blanc et le Grand Marnier.

Fouetter cet appareil énergiquement en le cuisant au bain-marie jusqu'à ce qu'il épaississe. L'opération est terminée lorsqu'on voit le fond du bol; elle peut demander de 10 à 15 minutes. Refroidir.

Fouetter la crème froide jusqu'à ce qu'elle devienne ferme. À l'aide d'une spatule, mélanger délicatement la crème fouettée et le sabayon froid. Réserver au réfrigérateur.

# Dessert d'un autre temps

*(pour 6 personnes)*

Ce dessert se prépare la veille. C'est le mariage de deux recettes, à savoir les pommes caramélisées chaudes et les pruneaux très froids marinés au porto et au vin rouge (inspirés des pruneaux du pichet, de Fernand Point). Ce mariage joue les contrastes chaud-froid et sucré-acide.

| | | | |
|---|---|---|---|
| 24 | pruneaux | 1 | c. à soupe de beurre doux |
| 500 mL | (2 tasses) de porto type Tawny | 1 | c. à soupe de sucre |
| 500 mL | (2 tasses) de bordeaux rouge de bonne qualité | 125 mL | (½ tasse) de crème 35%, très froide et légèrement montée |
| ½ | tasse + 2 c. à thé de sucre | 1 | c. à thé de fécule de maïs |
| 2 | c. à soupe d'extrait de vanille | | |
| 6 | pommes rouges Délicieuse | | |

Mettre les pruneaux dans le porto et les réfrigérer 24 heures.

Le lendemain, verser le tout dans une casserole. Ajouter le vin rouge, le sucre et l'extrait de vanille. Cuire jusqu'à ce que les pruneaux soient tendres et que le liquide ait réduit des deux tiers, ce qui devrait demander environ 2 heures à feu doux et à découvert.

Retirer les pruneaux. Délayer la fécule de maïs dans 125 mL (½ tasse) de cette sauce, avec un fouet. Tamiser et remettre dans la sauce. La faire bouillir en la fouettant énergiquement. Remettre les pruneaux dans la sauce et réfrigérer.

Peler les pommes. Couper le dessus et le dessous et les évider. Les sauter dans le beurre, les saupoudrer de sucre et les laisser caraméliser.

Avec un couteau pointu, ouvrir les pruneaux et retirer les noyaux. Farcir les pruneaux avec un peu de crème montée.

Pour dresser l'assiette, poser la pomme au centre et y verser de la sauce aux pruneaux. Disposer les pruneaux autour de la pomme, puis verser un peu de crème entre eux.

# Farines, je vous hais!??

Farines honnies, vous reprendrez bientôt la place qui vous est due dans les sauces... C'est une prophétie d'Henri Wojcik. «La cuisine française passe aujourd'hui par une période de digestion de ce qui est valable et de ce qui ne l'est pas. Il y a eu des développements magnifiques, mais il y a eu aussi des erreurs monumentales! On sent de plus en plus un retour vers les bases solides de la cuisine traditionnelle», dit-il.

Parmi les développements magnifiques, le plus important est celui de la technologie, qui a permis l'apparition de nouvelles façons de faire. Les chefs de demain devront non seulement connaître leur «bible» culinaire sur le bout des doigts, mais encore maîtriser ces techniques. Le micro-ondes? pour cuire les légumes ou pour réchauffer, rien d'autres. Le robot? pour les mousses de poisson, d'accord; pour les purées, jamais! Gagner du temps, bien sûr, mais pas au détriment de l'aliment. «Il y a un choix juste à faire, dans un but précis», dit le chef.

Quant aux aliments et procédés venus d'Orient, ce sont des «plus», mais avec réserve. «Il ne faut pas abâtardir notre cuisine, en faire une cuisine orientale version française. Ce sont des accessoires, pas l'essentiel», prévient-il.

Le détournement du sabayon passera lui aussi à l'histoire. «C'était un dessert, c'est devenu une nouvelle formulation de la sauce», constate le chef. La postérité se souviendra, croit-il, de certains mariages, à savoir celui des fruits de mer et poissons avec des sauces brunes et celui de la viande avec les fruits. Les fonds ont été simplifiés, Henri Wojcik les a universalisés. Son fond de pieds de bovin, gélatineux, étant neutre, son rôle est de texturer les sauces des viandes, des poissons, des légumes ou même des fruits.

Parmi les erreurs monumentales, la plus iconoclaste est celle des alliances contradictoires dans leur essence. Ainsi, marier le délicat parfum iodé des fruits de mer au puissant tanin de certains vins rouges est un double crime pour le gastronome et vinophile qu'est le chef du Fadeau. Étonner pour étonner ne lui plaît pas non plus. «Certaines matières ne sont pas à leur place dans une cuisine : mettre des pétales de fleurs dans une sauce, à la manière des fines herbes, c'est ridicule!» tranche-t-il. Il rejette du même souffle les assiettes à la décoration excessive, qui nuisent à l'aliment plus qu'elles ne le mettent en valeur. Quant aux mariages de convenance, parce qu'ils sont à la mode, ils n'auront qu'un temps; d'ailleurs, on commence déjà à en avoir assez du kiwi à toutes les sauces!

Au chapitre des farines et féculents, le chef prône le retour au bon sens. «Le beurre donne du corps à une sauce. Mais, dans une cuillerée d'eau, on peut en incorporer une quantité énorme! On a inculqué aux jeunes chefs une antipathie pour tous les féculents. Je m'élève contre cet enseignement. Une sauce préparée à base d'un fond léger épaissi avec un tout petit peu de farine et monté avec une noix de beurre, c'est mieux qu'une sauce préparée à base d'un fond très concentré et une très grande quantité de beurre. Il faut retourner au bon sens», il en est persuadé.

Quant à la cuisine du Fadeau, vers où s'en va-t-elle très précisément? «C'est une cuisine en pleine évolution, et il est très difficile de prévoir quelle direction elle va prendre. Cette direction dépend du degré d'inspiration que je peux avoir, de l'attitude de la clientèle, des influences extérieures...», conclut Henri Wojcik. Une histoire à suivre.

# Hommage à Henri Wojcik

Si les Portugais considèrent le fado comme une chanson populaire au thème souvent mélancolique, les Montréalais envisagent leur Fadeau comme un temple culinaire aux thèmes toujours gastronomiques. C'est du moins l'opinion que j'ai toujours nourrie à son sujet. D'abord, par expérience personnelle, et ensuite par le jugement de la Cour suprême de ses nombreux clients.

Contrairement à plusieurs restaurants, qui, comme leurs verres, ont non seulement l'éclat mais la fragilité, le Fadeau, lui, garde son propriétaire depuis longtemps. Je devrais dire «son inspirateur culinaire». En effet, un tel magicien est aussi important qu'un propriétaire. Le grand avantage de cette heureuse dualité, c'est que l'un ne peut pas mettre l'autre à la porte et que l'autre ne peut jamais divorcer. Les deux conjoints jouissent alors de la même «passion alimentaire».

Le succès permanent de cette fidèle union ne surprend personne. En fait, une excellente maison amène toujours une excellente clientèle. Il suffit de s'attabler au Fadeau pour constater que nos voisins de table sont comme les membres d'une même famille. Leur mine réjouie et leurs joyeux propos sont vraiment le témoignage de leur appréciation spontanée.

Je formule donc l'espoir que notre ami Henri Wojcik continue encore longtemps dans cette excellente voie, et ce pour le plus grand bien de ses clients et dans l'intérêt de la plus pure gastronomie au Québec.

Gérard Delage
auteur de *Gloutons et Gourmets*,
Éditions La Presse

# Notes

# Notes

1. Cité par Félix Benoît dans *Ma gastronomie,* Paris, Flammarion, 1969.

2. Pierre Garcin a fondé deux restaurants connus de Montréal, le Saint-Amable et La Marée.

3. Henri Wojcik rend aussi hommage à d'autres chefs qui, par leur savoir-faire, ont contribué à l'évolution du Fadeau, et tout particulièrement Jean-Paul Grappe, Alain Lewis, Daniel Vuillermoz, Dominique Crevoisier, Henri Varaud, Alain Vincent et «le dernier mais non le moindre», Jean-Michel Baudenon (qui a dirigé les cuisines du Fadeau, de façon intermittente, de 1980 à mai 1988). Tous, depuis, ont acquis leurs lettres de noblesse au Québec.

4. Auguste Escoffier (1846-1935) fait partie de ces chefs qui ont le plus contribué et le plus travaillé pour bâtir une réputation mondiale à la cuisine française. Au cours de ses soixante-trois années de carrière, il a également écrit de nombreux ouvrages, qui sont des «bibles» pour les professionnels : *Le Guide culinaire* (1903); *Le Livre des menus* (1912); *Ma cuisine* (1934); *Le Riz* (1927); *La Morue* (1929), et d'autres. Il a créé de nombreuses recettes, dont la fameuse pêche Melba. Il en a contesté d'autres, traditionnelles, notamment celles des sauces espagnole et allemande, devenues bâtardes selon lui, qu'il remplaça par des concentrés, des fumets et des jus naturels. Finalement, il se pencha sur l'organisation du travail dans la cuisine, répartissant les tâches dans la brigade et insistant fortement sur l'image de marque et l'esprit méticuleux du cuisinier, qui ne devait ni boire, ni fumer, ni crier.

5. Il y en a environ 7 000, toutes catégories, dans la grande région de Montréal (chiffre cité en février 1988 par l'Association des restaurateurs du Québec).

6. Flaveur (*flavour*, en anglais): ensemble des sensations olfactives, gustatives et tactiles ressenties lors de la dégustation d'un produit alimentaire (*Grand Larousse illustré*).

7. Définition de Bernard Demory, dans *La Créativité en pratique et en action*, Paris, Chotard et associés, 1978.

8. «Henri Wojcik is a gastronomic intellectual; he writes recipes with his mind, an organ too rarely used in kitchens», écrivit Joanne Kates dans le *New York Times* du 22 avril 1984.

9. À l'origine, le koulibiac était constitué d'une croûte de pâte levée, farcie de chou, de semoule de sarrasin, d'oeufs durs, de poisson cuit et de vésiga (moelle d'esturgeon séchée). Le mot koulibiac est d'ailleurs une déformation de l'allemand *Kohlgebäck*, qui signifie «pâté au chou». Ce plat a pris tous les accents européens; on le fait aussi avec une pâte feuilletée et une pâte briochée, et la farce est très variable: riz, poulet, champignons, saumon, turbot, oignon, persil, échalotes, etc.; il y a toujours des oeufs durs mais le vésiga, qui caractérisait le koulibiac, a presque disparu. Le koulibiac russe est connu en France depuis le XIXe siècle. C'est un pâté en croûte farci de viande ou de poisson, de légumes, de riz et d'oeufs durs.

10. Alain Chapel est le chef d'un trois étoiles à Mionnay, en France. Il a fait une partie de son apprentissage à La Pyramide de Fernand Point, à Vienne, en France.

11. Le restaurant La Pyramide, à Vienne, fut fondé en 1922 par le père de Fernand Point (1897-1955), Auguste. Fernand Point fut un grand cuisinier classique, qui a «mis à l'honneur une cuisine fondée sur la qualité des produits et leur mise en valeur par une cuisson attentive et une préparation minutieuse», a écrit Curnonsky. «Pour bien manger en France, un Point c'est tout», disait Sacha Guitry. Fernand Point jugeait que ce qui est simple, en cuisine, est souvent le plus difficile: «Une béarnaise, c'est simplement un jaune d'oeuf, une échalote, un peu d'estragon. Mais il faut des années de pratique avant que le résultat soit parfait.» Le grand chef a fait école, et il eut pour élèves Bocuse, Chapel, les frères Troisgros, Outhier et les frères Haeberlin. On publia son ouvrage posthume, *Ma gastronomie*, en 1969 aux éditions Flammarion.

12. Maurice Edmond Sailland, dit Curnonsky (1872-1956), fut un écrivain, journaliste et gastronome français. Il était venu à Paris pour étudier la littérature, il décida plutôt de vivre de sa plume et prit le pseudonyme de CURNONSKY (CUR: pourquoi, en latin; NON: pas; SKY: à cause de l'amitié franco-russe), que lui suggéra son ami l'écrivain Alphonse Allais. Il publia beaucoup, tout en étant l'un des nègres de Willy, le premier mari de Colette. Gastronome et gourmand, il décida de consacrer sa plume (et sa fourchette) à la gastronomie et fut élu «Prince des gastronomes» par la revue *Le bon Gîte et la bonne Table* en 1927. Il fut le fondateur de l'Académie des gastronomes (1930) et de la revue *Cuisine et vins de France* (1946). Pour ses quatre-vingts ans (en 1952), quatre-vingts restaurateurs d'Île-de-France ont accroché une plaque de cuivre dans leur restaurant, à la place que le «Prince» occupait d'habitude, qui dit ceci: «Cette place est celle de Maurice Edmond Sailland Curnonsky, Prince élu des Gastronomes, défenseur et illustrateur de la cuisine française, hôte d'honneur de cette maison.»

13. Lucien Tendret (1825-1896) était un avocat français, passionné par la gastronomie. Il publia en 1892 *La Table au pays de Brillat-Savarin*, dont il était un parent lointain.

14. Jean-Anthelme Brillat-Savarin (1755-1866), gastronome, politicien, musicien, à la curiosité éclectique, passait ses loisirs à écrire et à cuisiner pour ses amis. Il publie en 1825 un ouvrage qui le rendit célèbre jusqu'à nos jours: *Physiologie du goût ou Méditations de gastronomie transcendante*, ouvrage théorique, historique et à l'ordre du jour, dédié aux gastronomes parisiens par un professeur, membre de plusieurs sociétés littéraires et savantes.

15. Les apprêts «à la Nantua» comprennent des écrevisses ou des queues d'écrevisse, dans un beurre composé, une purée, une mousse ou un coulis et, le plus souvent, avec des truffes. Le nom vient d'une petite ville du Bugey (partie méridionale de la chaîne du Jura français), dont la réputation gastronomique est très ancienne.

16. Cité par Pierre-Marie Doutrelant dans *La bonne Cuisine et les Autres*, Paris, éditions du Seuil, 1986.

17. Chef-propriétaire de Jamin, un trois étoiles de Paris.

18. Chef-propriétaire du restaurant Les Prés et les Sources d'Eugénie-les-Bains. Il a lancé la cuisine-minceur en 1974, qui a déclenché un engouement national pour la diététique.

19. La béarnaise ne vient pas du Béarn, où naquit le futur Henri IV. Apparemment, elle fut réalisée pour la première fois par le cuisinier Collinet (le *Larousse gastronomique* n'a pas conservé son souvenir) en 1830, au Pavillon Henri IV, un

restaurant de Saint-Germain-en-Laye. La poule au pot à la béarnaise ou le confit et les cèpes à la béarnaise ne sont pas accompagnés de cette sauce, mais ce sont des plats typiques du Béarn. La béarnaise est une sauce émulsionnée chaude, faite avec des jaunes d'oeufs, du beurre, du vinaigre, du vin blanc, du jus de citron, du thym, du laurier, du cerfeuil, de l'estragon et du poivre. Elle se sert avec les viandes et les poissons grillés. La béarnaise accompagnée d'autres éléments donne naissance aux sauces arlésienne, Choron, Foyot, paloise, tyrolienne ou Valois.

20. Le *Time Magazine* a dit de cette publication que c'était «The most valuable coast-to-coast gustatory guide ever published in America».

21. Cité dans *Les nouvelles Bases et Techniques de la cuisine*, Paris, éditions Télécuisine, 1985. Jean Delaveyne est l'un des grands de la cuisine française. Il est le chef du restaurant Le Camélia, à Bougival.

22. Chef et propriétaire du restaurant La Mère Blanc, à Vonnas.

23. Chef du restaurant L'Espérance, un trois étoiles de Saint-Père-sous-Vézelay.

24. L'apprêt Stroganov (aussi appelé Strogonoff) est constitué de lamelles de boeuf sautées à vif puis nappées d'un déglaçage au vin blanc, à la crème et au fond de veau lié, additionné d'oignons sués au beurre. C'est un plat de la cuisine russe classique. Son nom serait celui d'une riche famille de marchands, qu'un chef français à leur service aurait emprunté pour les honorer. Certains pensent plutôt que c'est un dérivé du verbe *strogat*, qui signifie «couper en morceaux».

25. «Un excellent cuisinier», dit Henri Wojcik. Il est retourné en France et a repris le célèbre restaurant Hôtel de la Poste, à Avallon, à l'époque un deux étoiles.

26. Un fumet est un genre de bouillon concentré réalisé avec des parures de poisson, des oignons, des échalotes, des champignons et des aromates, bouillis dans de l'eau ou du vin rouge ou blanc. On y fait ensuite braiser ou pocher les poissons, et il sert aussi à la confection des sauces qui les accompagnent.

27. Dans *Prisons et Paradis*, Paris, Hachette, cité par le *Larousse gastronomique*.

28. Cité par le *Larousse gastronomique*.

29. L'ordre des plats, qu'Henri Wojcik qualifie de «stratification», pourrait être le suivant: une mousse de poisson, un potage (chaud en hiver, froid en été), des fruits de mer, un granité («Certains gastronomes n'aiment pas les granités, comme Gérard Delage, qui pourtant m'a dit que le mien est une exception», rapporte Henri Wojcik. Voir la recette du granité d'agrumes au vermouth, p. 105), une viande blanche, une viande rouge, des fromages, une salade, un dessert aux fruits (jamais de pâtisseries ou de gâteaux très sucrés, qui sont trop lourds). Voici deux exemples:

## MENU 1

Rosette de saumon de mon fumoir
Crème froide de curry aux pommes et aux concombres (R: p. 62)
Pétoncles aux cigares de chou amer
Granité au schnaps et au poivre vert

Médaillon de veau aux huîtres tièdes
Magret de canard à ma façon et riz sauvage aux pommes acides (R: p. 106)
Quelques fromages de notre pays
Mousse légère aux fruits d'Orient et au chocolat blanc
Tartelette aux pommes et glace au miel et à la camomille (R: p. 123)

## MENU 2

Mousse de foies blonds à la confiture d'oignons
Consommé de Cracovie
Escalope de cabillaud au fumet de soja
Granité de betterave à la vodka
Cailles au thé (R: p. 72)
Médaillon de boeuf à l'extrait de champignons sauvages
Salade de mâche à l'huile vierge
Sorbets et fruits
Petit soufflé chaud au Grand Marnier

30. Cité par Pierre-Marie Doutrelant, *op. cit.*, note 16.

31. Jean Delaveyne, *op. cit.*, note 21.

32. «Une cuisine n'est pas une pharmacie! Faites comme les chefs: goûtez et rajoutez. À chacun de trouver l'harmonie qui lui plaît», dit Henri Wojcik. À cause de ses choix minimalistes et compensateurs, il est très difficile au chef de prévoir, de façon certaine, la quantité finale de la recette. Le problème est particulièrement sensible pour les fonds, pour lesquels il faut aussi compter avec l'évaporation.

33. Cité dans *Les nouvelles Bases et Techniques de la cuisine*, *op. cit.*, note 21.

# Liste des articles de journaux

# Liste des recettes par catégorie

**RECETTES D'APPUI**

# Index des recettes

# Table des matières

La composition de ce volume
a été réalisée par
les Ateliers de La Presse, Ltée

Achevé    Imprimerie
d'imprimer  Gagné Ltée
au Canada  Louiseville